科普读物
（中学版）

新疆维吾尔自治区科学技术协会　编

新疆科学技术出版社

图书在版编目（CIP）数据

青少年科普读物：中学版 / 新疆维吾尔自治区科学技术协会编 . -- 乌鲁木齐：新疆科学技术出版社，2024. 10. （2025.2 重印）-- ISBN 978-7-5466-5677-9

Ⅰ . Z228.2

中国国家版本馆 CIP 数据核字第 20246LW445 号

青少年科普读物（中学版）

新疆维吾尔自治区科学技术协会◎编

出版发行	新疆科学技术出版社	
地　　址	乌鲁木齐市延安路 255 号	
邮政编码	830049	
电　　话	（0991）2870049　2888243	
经　　销	新疆新华书店发行有限责任公司	
选题策划	龚　琰	
责任编辑	王　玮	
责任校对	范珊珊	
封面设计	杨筱童	
制　　版	天畅图文设计工作室	
印　　刷	永清县晔盛亚胶印有限公司	
版　　次	2024 年 12 月第 1 版	
印　　次	2025 年 2 月第 2 次印刷	
开　　本	787 毫米 ×1092 毫米　　1/16	
印　　张	9.5	
字　　数	120 千字	
定　　价	45.00 元	

编委会

前　言

为全面贯彻落实党的二十大精神，贯彻落实习近平总书记关于科技创新与科学普及的重要论述，贯彻落实全国科学技术协会系统对口援疆工作座谈会及新疆维吾尔自治区科学技术协会第九次代表大会精神，推动习近平新时代中国特色社会主义思想主题教育学习成果的转化，加快推进《新疆维吾尔自治区全民科学素质行动规划纲要实施方案（2021—2025年）》的落地实施，进一步提高科普资源利用率，突出科学精神引领，坚持协同推进，实现科普由"大水漫灌"向"精准滴灌"的转变、由"知识补课"向"价值引领"的转变，面对新时期的新要求、新使命，新疆维吾尔自治区科学技术协会策划出版了青少年、农牧民、产业工人、老年人、领导干部和公务员五类人群科学素质读本，旨在结合不同群体特征，加大对基本技术素养、科学精神、科学文化及创新文化等的普及，服务不同人群科学素质提升，把科普知识送进千家万户，将科学理想播撒到广袤大地，为全区广大群众点亮科普明灯。

目 录

1 大数据与信息

1.1 会"七十二变"的神奇二维码 / 2

1.2 偷听太阳公公与风云的悄悄话

　　——天气预报技术 / 8

1.3 物联网魔法

　　——让你身边的一切物品都会讲话 / 13

2 科学史话与现代生活

2.1 苹果究竟有没有砸到牛顿 / 18

2.2 现代人类文明的基石——电力 / 22

2.3 小小益生菌，牛奶变"酸奶" / 29

3 创新精神引领中国发展

3.1 打破霸权封锁——华为的自研技术之路 / 35

3.2 "中国天眼"——中国人的求知之眼 / 39

3.3 "人造太阳"——让世界看见东方红 / 43

4 绿水青山中的"金山银山"

4.1 海平面上升的那一点 / 49

4.2 让汽车和汽油"分手" / 55

4.3 纸吸管吸出大学问 / 59

5 我们的目标是星辰大海

5.1 "天问一号"——中国印记留在火星 / 65

5.2 太空之中何以为家——"天宫" / 71

5.3 "嫦娥"与"玉兔"的奔月之旅 / 77

6 智能时代与生活

6.1 AI——不再是冷冰冰的机器 / 84

6.2 VR——来一场身临其境的冒险 / 89

6.3 VAR——运动场上的视频助理裁判 / 95

7 拥抱健康生活

7.1 "零添加"是否更健康 / 102

7.2 病毒与超级细菌 / 109

8 谱写新疆赞歌

8.1 吾守尔·斯拉木

——架起多语种信息处理技术的桥梁 / 116

8.2 陈学庚——坚守边疆六十载的农业机械英雄 / 121

8.3 贾承造——深钻勇探的"石油战士" / 126

8.4 尹飞虎——扎根边疆五十载，创节水农业新风貌 / 132

8.5 邓铭江——用科技书写戈壁水利传奇 / 138

1

大数据与信息

1.1 会"七十二变"的神奇二维码

1.2 偷听太阳公公与风云的悄悄话——天气预报技术

1.3 物联网魔法——让你身边的一切物品都会讲话

1.1
会"七十二变"的神奇二维码

在购买商品时，我们可以观察到包装袋上有一个由粗细不一的"长棍棍"组成的符号，下面还会有一大串数字。我们称这个符号为条形码。

从左往右看去，条形码是在横向方向不断变化着，这样的"变化"可以用来存储数据；从下往上看去，它们不会有变化，所以我们可以将它称作"一维码"，表示它是在"从左往右"这个维度上的码。而会"七十二变"的神奇二维码则是在横向（从左往右）和纵向（从下往上）的两个方向上都不断变化着，都可以用来储存数据，因此称它为"二维码"。

PDF417　　　　　　　Code 49　　　　　　　Code 16K

多种样式的二维码

二维码的种类非常非常多，技术术语称之为"码制"。全世界确立的标准的二维码有几十种之多，绝大多数都在很专业的领域使用，而我们常用的是右图这种二维码，叫作 QR Code（Quick Response Code，快速响应码）。

QR Code 二维码

二维码的优点——超强纠错能力

二维码相较于一维码，其存储数据量更大。二维码纠错的能力比一维码也要强很多，比如有些二维码的中间有一个图案，这相当于把一部分二维码"污损"了，但我们通过手机扫描，仍然可以顺利解码，跳转到相关的网页，这便是利用了二维码的超强纠错能力。

二维码的超强纠错能力还造就了二维码的另一特性：一旦解码成功，一定不会出现误码。而一维码解码是存在几百万分之一的误码率的，也就是一维码解析时会有几百万分之一的概率出错。

假如你在超市里买了一瓶售价 3 元的饮料，瓶身的包装上有一个条形码，它表示"6932529211503"这样的数字编码。正常情况下，结账时扫码，扫码枪解码正常，收银机读取到了"6932529211503"这样的信息，它会显示出来——一瓶售价 3 元的饮料。但如果你非常不幸运，扫码枪解码出现了异常，收银机读取了"6932529211107"这样的信息，这便是出现了误码，而"6932529211107"对应的是一瓶售价 5 元的饮料，倘若你不注意的话，便要白白多花 2 元钱。当然，这种概率非常低，一般情况下是不会发生的。

而二维码就厉害了，它可以"自动纠错"，不会像一维码有可能

出现"读取错误"的情况，且存放的数据比一维条码多得多，具有防伪特性和唯一性。二维码只要污损不超过 50%，就能读取数据，而一维码只要条码有些污损，就有可能读不出数据，或读取不够准确。

日常生活中的二维码

虽然表面上二维码在功能和性能上比一维码强大很多，但它们的核心技术其实都是一种信息转换，就是把我们人类不擅长处理的信息按照一定的规则编译成图案，然后让更擅长处理图案的机器帮助我们快速处理这些信息。

以超市收银为例，如果一个小超市里有上千种商品，没有条形码技术，如何快速知道你买的某一种商品的价格？仅仅通过人脑来记忆是极其困难的。在大型超市里，可能有几十万上百万的商品。这种靠大脑记忆品类和对应价格的工作，是人工永远做不到的。

二维码由于其存储数据量大，理论上可以表示无数种不同的数据，所以在移动互联网和手机应用中，经常使用的就是二维码。在扫码付

生活中常见的扫码支付

款时，二维码可以存储一个网址或是一串字符，通过扫一扫，就能够访问这个网址或是读取这串字符，相关的应用程序便获取了你所扫描的信息，从而实现诸如租借共享充电宝、租借共享单车、转账或付款等操作。二维码让我们生活的方方面面都可以与互联网相交互，用自己的"七十二变"为我们开启了千变万化的精彩网络生活。

二维码的更多应用场景

二维码所包含的信息量相较于条形码大大提升，这也使得它在我们的生活中更加常见。比如同学们在外面想要骑车回家，只需要通过可以扫码的智能手机或者智能手表就可以轻松借走路边的共享单车。同学们或许会有这样的疑问："怎么知道是谁借走了单车呢？"其实这都是我们的"好朋友"二维码的功劳。当我们在扫描二维码时，其实就已经通过用于扫码的智能手机或者智能手表的信息自动实现了借车人的信息登记，电脑的终端就可以知道是谁借走了共享单车，此时的二维码摇身一变，成了"登记员"。

当我们遇到心仪的商品想要购买时，我们的"好朋友"二维码又摇身一变成为"收银员"。二维码中包含各种各样的信息，当我们进行扫码操作时，二维码中的支付信息就被调用了起来，于是我们手机里的虚拟货币就可以自动进入卖家的账户。可以说，二维码的发展促进了我国的线上产业发展，同时极大地简便了交易的方法。要知道，在以前普遍使用纸币的时代，找零会影响交易速度。现如今，在电子支付的时代，二维码成功地让我们不再会为此而烦恼。

　　如同孙悟空一样变幻莫测的二维码目前已经在我们的生活中得到了普及，大到转账汇款，小到扫码点餐，这都是它的功劳。走遍大街小巷，我们的"好朋友"无处不在，当你饿了时，它是"服务员"；当你与别人交流时，它是你的"身份证"；当你住酒店时，它是你的专属"前台"……

1.2

偷听太阳公公与风云的悄悄话
——天气预报技术

    "朝霞不出门，晚霞行千里"是中国的一句天气谚语，意思是早晨出现红霞，预示有雨，不宜出门；傍晚出现红霞，预示第二天天晴，可以远行。谚语言简意赅，但其背后真正的气象本质和气象科学规律，并没有我们想象得那么简单。

美丽的朝霞不一定代表今天是好天气哟

古人的天气预报往往来源于经验的总结。最早有关天气的记载是在《诗经·豳风·七月》上，它记载着中国的二十四节气以及一年各月的物候现象。后人根据古代的

《诗经·豳风·七月》选段

二十四节气和自己的农业生产实践总结出了许多的谚语，比如"清明前后，种瓜点豆""夏至有风三伏热，重阳无雨一冬晴""秋分早，霜降迟，寒露种麦正当时"等。通过这些口口相传的谚语农民可以顺利地把握天气的大致规律，从而在正确的时机种植农作物，以获得最大的产量。

从古至今——预测天气的方法不断改进

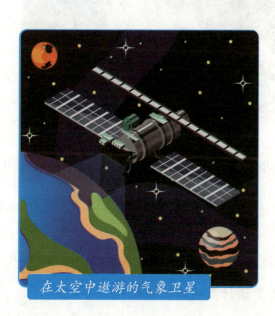

在太空中遨游的气象卫星

现今已经进入高科技和大数据时代，预测天气的手段已逐渐科学化。目前国际上主流的预报是用气象卫星。气象卫星就像人的眼睛一样，在宇宙中与地球一起旋转，能时刻关注着云层等与气象相关因素的变化。

大家可能会好奇，天气到

底是怎么预报的呢？就拿常见的日常天气预报来说吧，它分为临近预报（0～2小时）、甚短期预报（2～12小时）、短期预报（12～48小时）、中期预报（3～10天）、长期预报（10天以上）。

天气预报的形式有很多，有以天气图为主要工具，根据卫星云图等，用天气学的原理来分析和研究天气的变化规律，从而制作天气预报的方法。这种方法主要用于制作短期预报。

某时刻风云二号气象卫星云图

还有一种方法是根据大气运动动力学方程精密计算所得出的规律进行天气预测，这可用于短期、中期和长期预报。我们还可以通过各种仪器对数据进行收集，根据所收集的数据建立相关方程，从而推测天气的变化，这主要用于中、长期预报。这两种方法和数学上的解方程很相似，但是计算十分复杂，需要请计算机帮忙求解。

科学技术的局限性——无法完全准确

自然的力量与规律是很难预测的，哪怕是经过了这么多年，人类有了上千年的经验积累，科技能力不断提升，也无法完全精准掌握大自然变化的规律。天气预报不可能做到百分百准确，天气变化永远存在不确定性。

就如《三国演义》里蜀国进行北伐曹魏的战争中的一幕。在诸葛亮的带领下，北伐战争爆发，在这期间他遇到了自己一生的对手——司马懿！司马懿有着"冢虎"之称，可以说也是一代大谋士。就在双方僵持不下之时，诸葛亮夜观星象，预测天气，给司马懿布下大阵，利用地形优势火烧司马懿的驻军之地——上方谷。这把火烧得非常成功，然而就在司马懿自己都要放弃时，天空竟然下起大雨。由此可见，天气的预测永远只是预测，它与未来的事实并不一定相符。

天气预报对于我们的生活十分重要，它关乎民生、军事与农业，同学们可以多多观察并勤加思考，自然中仍有无数科学奥秘等待着你们去探索。

：：：：：：链接

天气趣味小知识

1. 电闪雷鸣时是先听见雷声还是先看见闪电？

答：先看见闪电。

2.春季来了，有什么样的景象?

答：冰雪消融、植物发芽、冬眠的动物苏醒等。

3.夏天小狗为什么要吐舌头?

答：为了排汗降温。

4.蚂蚁搬家说明什么天气要到来?

答：下雨。

5.有哪些动物在冬季会冬眠?

答：熊、蛇、乌龟等。

6.二十四节气中，地下小动物开始出土活动的节气是哪个?

答：惊蛰。

7.影响交通运输的天气现象有哪些?

答：大雾、大雪、暴雨、台风、龙卷风等。

8.风是怎样形成的?

答：空气的流动形成风。

9.给我们带来影响的冷空气主要是来自东南西北哪一方向?

答：北方。

10.在我国一年四季中，哪一天的白天最短?

答：冬至。

1.3

物联网魔法
——让你身边的一切物品都会讲话

不知道同学们有没有听说过"小度""天猫精灵"或者"小爱同学"呢？这可不是小宠物的名字，而是神奇的语音助手，它们应用到了人工智能技术，可以顺畅地与人们进行一些交流。此外，它们还应用到了如今我们身边不可或缺的技术——物联网（Internet of Things，简称 IoT）。

语音助手智能控制

在科幻电影中，我们常常能看见在高科技飞船中，会出现一个虚拟的影像，乘客与它进行交流就可以操控飞船中的各种设施，这就是人们对于物联网的最初幻想。而现在随着科技的发展，科幻正在慢慢变成现实，物联网技术正在向普及化发展。最新的技术中，人们通过和语音助手的交流即可实现各种电器的开闭，距离电影中实现完全"声控"似乎不远了。

那么，语音助手是怎样作为物联网的枢纽控制着局域网络中的万物呢？这就要谈到蓝牙与近场通信（Near Field Communication，简称NFC）技术。

蓝牙技术——摆脱"线"制

蓝牙技术是一种无线数据传输手段，它是基于近距离无线连接，并为固定的或者移动的设备建立通信环境。这一点，和我们所说的无线网络非常相似，但它的信号传递范围更小，生产成本更低，满足了大部分人群的实际应用需求。同学们的家中通常也会有蓝牙连接的设备，比如蓝牙耳机可以不用接耳机线便可以听音乐，蓝牙鼠标可以不接鼠标线就使用。蓝牙技术极大地摆脱了传统数码产品需要用"线"来传输数据的限制，让人们的生活更加便捷。

NFC 技术——快速识别且无须接触

NFC 是一种新兴的技术，允许电子设备之间不接触就可以进行数据传输。这听起来很像蓝牙，但蓝牙的有效工作范围大多不超过20米，而NFC的有效距离更短，只不过10厘米。此外，NFC还有区别于蓝牙的一项优势——无需电源，它是通过一种磁场来发送数据的。

手机是 NFC 技术应用很广泛的设备

NFC 在我们的生活中应用广泛，拥有 NFC 功能的手机就可以充当银行卡，支付过程在 NFC 的碰触过程中即可结束，使用过程更为安全，还可以当作公交地铁卡来使用，避免"忘带"等问题，甚至可以直接给公交地铁卡进行充值， 既方便又快捷。

蓝牙技术与 NFC 技术都是物联网的重要组成技术，它们正一步步将我们的生活变得智能化，让科幻电影中的场景走进现实……

⫶⫶⫶⫶⫶ 链接

"蓝牙"名称的由来

历史上有一位叫哈洛德·布美塔特的国王因统一了当时分裂的北欧而闻名。

这位国王喜欢吃蓝莓，牙齿经常是蓝色的，因此有一个"蓝牙（Bluetooth）"的绰号。在现代技术领域，"蓝牙"这个名字被用来命名一种无线通信标准，旨在将不同的电子设备连接起来，实现数据传输和资源共享。这种命名方式不仅体现了蓝牙技术的统一性和互联互通的特点，也象征着它能够像当年的这位国王一样，将分散的设备和内容整合在一起。

2

科学史话与现代生活

2.1　苹果究竟有没有砸到牛顿

2.2　现代人类文明的基石——电力

2.3　小小益生菌，牛奶变"酸奶"

2.1
苹果究竟有没有砸到牛顿

　　谈到牛顿，大多数同学肯定很容易就会想到砸到牛顿的苹果。但这个轶事其实具有不少疑点，因为牛顿本人似乎从来没有说过他曾被苹果砸中。这一问题在科学史上存在至今，最值得提起的正式挑战发生在 2016 年，美国科学史学家罗纳德·纳伯斯与希腊科学教育博士科斯塔·卡波拉契主编的《牛顿的苹果：关于科学的神话》就挑战了这个我们最为熟悉的科学故事。

苹果轶事的历史考证

　　书中经过考证指出，关于苹果的这则轶事其实是牛顿在临终前才提及的。其实，对这个故事同学们应该要代入当时的社会历史背景来看待。在当时的人文背景下，这样的故事被人们听到之后，第一个会联想到的就是隐喻。在西方神话中，正是由于被蛇诱惑而吃下了苹果导致亚当和夏娃从伊甸园里堕落。因此牛顿把自己看成是又一个亚当，要带领人们找到世间的真理。简单来说，牛顿说出苹果的故事其实是在传递这一层隐喻。

从客观层面出发，也很容易发现疏漏：苹果轶事和牛顿学术成就处于不同的时间线。牛顿早在 1687 年就出版了著作《自然哲学的数学原理》，按照因果逻辑，苹果轶事肯定是发生在牛顿取得学术成果之前，但事实上苹果的故事在 19 世纪才开始广泛流传。这就说明这则轶事很有可能只是被人多次夸张转述而出现的流言，绝非牛顿本人的记叙。不然的话，这则轶事应当很早就流传开来了。

最具有说服力的官方证据出现于 2010 年，英国皇家学会纪念成立 350 周年时在其网站公布了 7 份历史文献手稿，其中一份回忆录记录了正版"牛顿与苹果树"的故事。手稿写道："饭后，天气变暖和了，我和牛顿走进公园内的苹果树下准备喝茶。在此之前，牛顿就已经对重力有了模糊的认识和理解。牛顿在苹果树下思考这一问题，思绪被一只偶然掉落的苹果打断。牛顿开始考虑，为何苹果总是垂直地落向地面……毫无疑问，原因就是地球在吸引它。"所以我们可以得出这样的结论：事实上牛顿并没有被从树上落下的苹果砸中，只是看见了苹果从高处落下。就是这样一个非常偶然的事情，令牛顿投身于本来有很大可能被束之高阁的研究。

正确认识"科学神话"

像"牛顿与苹果树"这样的因流言而产生的轶事大家肯定知道许多，这类轶事被统称为"科学神话"。所谓的"科学神话"指的是传播的故事与历史的客观事实记录不符。这种情况一般是由一些喜爱吹牛的科学史家再加上热衷炒作的通俗传记作者所导致。他们将科学如何发展、怎样得出伟大发现的成果"授予"一个或几个科学家，无视相关科学成果的得出往往是因一个科学研究阶层的长期努力。但是由于这种"科学神话"常常与日常叙述中习惯采用的英雄史观所一致，因而很受大众欢迎，以至于大部分读者或者听众都乐于信以为真。

但是新时代的同学们，应该要意识到夸大甚至捏造个别伟大科学家的造诣和贡献是错误的。这还会给大家带来一种误解——伟大的科学发明是少数人物在长期孤独的研究中得出的。这种误解对于激发同学们的学术兴趣，加入科学研究会造成极大的危害。年轻的同学们也会容易因此变得自傲，拒绝与团队、组织建立合作。事实上，牛顿之所以会得出重要的科学发现，跟当时英国活跃着一批同样拥有惊人创造力的科学家团队，以及英国商业革命、近代以后建立了全球贸易网络有关。以后者为例，牛顿正是通过贸易公司、天文学家和其他领域通报的信息，才得以掌握天文学等多个学科的综合数据。到了如今的21世纪，科学发现更加不可能由个人长期闭门造车地进行。

同学们肯定都熟知哥白尼的"日心说"，那么为什么在人人都坚信"地心说"的社会中会出现哥白尼这一启明星呢？其实哥白尼的经历与他的同学几乎差不多，他也是学校培养出来的成千上万的学者之一，唯一的区别在于哥白尼懂得如何去批判地继承现有的知识。所以，同学们需要在汲取现有知识的基础上批判地看待它们，站在巨人肩膀上的同时还得看清楚脚下是否坚实可靠。

正如著名地质学家、中国地质力学的创立者李四光所说："真正的科学精神，是要从正确的批评和自我批评发展出来的。真正的科学成果，是要经得起事实考验的。有了这样双重的保障，我们就可以放心大胆地去做，不会自掘妄自尊大的陷阱。"批判精神与你我同行，百花齐放创华夏篇章！

:::::::链接

怀抱批判精神分析问题

在学习科学知识和进行简单的工程设计时，要怀着质疑、批判以及创新的态度，分析问题时要尊重证据，实事求是。相反，如果一味地从众或崇拜权威，这会在很大程度上影响自己对于事物的理性判断，因此批判精神是同学们所需要培养的一种必需品质。

批判精神是指评论人或事物是非的一种意识、思维活动和一般心理状态：评论先代是非，批判未了公案。批判精神是对某种思想言行（多指错误的）进行系统分析所坚持的一种原则和立场。批判精神是十分重要的，不批判就无法深入事物的本质。简单来说，批判精神不仅仅是指对别人经历的东西、别人的看法进行怀疑和批判，还有对自己之前的经历和自己的看法进行怀疑和批判，并提出自己的观点和论据，最后整合出自己新的观点，然后再根据新的资料来批判，再形成观点，这样我们才能培养自己独立思考以及创新的能力。

2.2
现代人类文明的基石
——电力

　　设想一下这样的场景：在一个大雨滂沱的夜晚，窗外不时电闪雷鸣，闪电划破黑暗的天空，轰鸣迟迟不见消散；窗内天花板下悬挂的电灯摇摆着，还不时闪烁两下，仿佛随时就会熄灭一样。在这个场景中，恐怕大家很难把撕裂万物的闪电与忽明忽暗的电灯联系起来吧？但事实上，它们都是基于同一个事物——电力而产生的。

闪电与居民楼的灯光

探索电力的来源

那么电是什么？经典的描述是：电是一种自然现象，指电荷运动所带来的现象。自然界的闪电就是电的一种现象。电是像电子和质子这样的亚原子粒子之间产生的排斥力和吸引力的一种属性。它是自然界四种基本相互作用之一。电子运动现象有两种：我们把缺少电子的原子称为带正电荷，有多余电子的原子称为带负电荷。在大自然里，电的机制产生了很多众所熟知的效应，例如闪电、摩擦起电、静电感应、电磁感应等等。

也就是说，电是一种本身就存在的自然现象，不管是用玻璃棒摩擦皮毛，用你手里的签字笔挠一挠发痒的头皮，还是火力发电、水力发电、风力发电、潮汐发电或者太阳能、核能发电，都是从一种物质或反应中获得能量，再用磁生电的原理发电，并不是创造电，只是产生了电这种现象，更详细地说是在导线或者导体中产生了电流这种现象。

电池——电力的储存器

如今，电力已经进入了我们生活的方方面面，与电力有关最普遍的事物莫过于电池。简单地说，电池就是把化学能、光能、热能、核能等直接转换为电能的装置，如化学电池、太阳电池、温差电池、核电池等。其中，化学电池通常简称电池。化学电池在工作时，电子由正极经过外电路流到负极，而在电解液内，正负离子则分别向两极迁移，电流从负极流到正极，这叫作电池的放电。放电时，电池的两个电极

阳极：锌　　　阴极：铜

H^+

SO_4^{2-}

电解液　　　电解液

化学电池工作示意图

上都有化学反应，放电过程一直进行到电路断开或者一种化学反应物质耗尽。

电池有一个十分重要的性能参数称为电动势，经典的电动势学术解释是：电动势等于单位正电荷由负极通过电池内部移到正极时电池内非静电力（化学力）所做的功。电动势其实是生产的时候就已经被赋予了电池，在电池放电后，由于电极上的化学反应，产生不导电的气体如氧等覆盖在电极表面上，电动势随即降低，这叫作电池的极化现象。在这种情况下，我们通常可用去极化剂来消除这种极化现象。另外，电池的容量还与电极物质的数量有关，一定程度上可以说容量与电极的体积有关。在我们的生活中，根据使用次数可以将化学电池分成两种类别：原电池与蓄电池。原电池制成后即可以产生电流，但是原电池在放电完毕即被废弃，也就是说它是一次性产品。而蓄电池又被称为二次电池，使用它之前必须先进行充电，充电后可放电使用，放电完毕后还可以充电再用。通过蓄电池的结构原理图，大家应该可以想到蓄电池充电时，电能转换成化学能；放电时，化学能就会转换成电能。

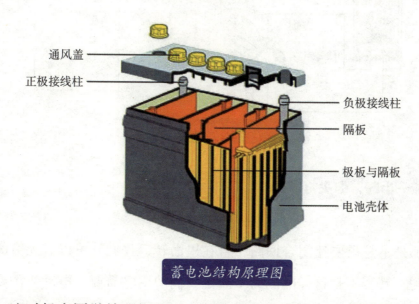

通风盖
正极接线柱
负极接线柱
隔板
极板与隔板
电池壳体

蓄电池结构原理图

这时候有同学就要问了，电池只是一个储存电力的容器，那么最开始电池里的电力是怎么产生的呢？这就要说到发电机的原理了。要使闭合电路中有电流，这个电路中必须有电源，因为电流是由电源的电动势引起的。在电磁感应现象里，既然闭合电路里有感应电流，那么这个电路中也必定有电动势，在电磁感应现象中产生的电动势叫作感应电动势，而这个感应电动势就是发电机所产生的电力来源。我们通过产生感应电动势的形式对其进行分类，一般分为两类——动生电动势和感生电动势。

就拿动生电动势来说，它是一种因为导体自身在磁场中做切割磁感线运动而产生的感应电动势。最典型的莫过于如下图的这个电路，闭合电路旋转切割磁感线，通过电刷的形式完成转向就可以得到我们日常中所需要的交流电了。

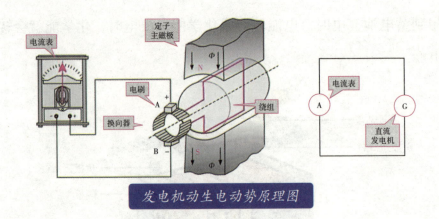

发电机动生电动势原理图

地球一小时，你关灯了吗

那是不是只要让闭合回路一直在里面转，我们就可以有无穷的电力了呢？其实不是这样的，为了满足我们的用电需要，电动势需要达到一个较大的程度，这就意味着闭合回路在磁场中旋转的速度要足够快，在传统的类似柴油发电机这样的设备中，发电会耗费大量的柴油。所以，大家千万不要觉得电力是无限的！

因此节约用电是十分重要的。首先在于节约能源、减少污染。我国的发电主要靠燃煤，而地球上的煤炭是有限的。按现在消耗速度计算，全球的煤炭将在250年内用尽。同时节约用电可以减缓环境污染，减少酸雨。酸雨是因煤炭燃烧形成的，它能强烈地腐蚀建筑物，导致土壤和水质酸化、粮食减少产量、草木鱼虾死亡。地球气候也与节约用电息息相关。煤炭等燃料燃烧时产生

化石燃料发电工厂

的二氧化碳像玻璃罩子一样阻断地面的热量向外散发，使地球表面温度升高，产生"温室效应"，这使得气候发生异常，导致干旱或洪涝，还会使冰山融化，海拔较低的国家和岛屿就会消失得无影无踪！煤炭在燃烧过程中还会产生大量的粉尘，在空气中形成悬浮颗粒物，当这种颗粒物随着人的呼吸进入肺部时，会对人体造成伤害。这才有了"地球节电日"，也叫"地球一小时"，

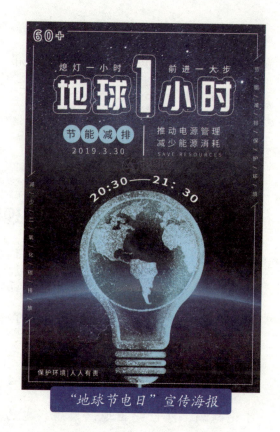

"地球节电日"宣传海报

在每年 3 月最后一个星期六晚 20 点 30 分至 21 点 30 分这一小时中，大家要记得为世界节电贡献出自己的一份力。

目前，我国在电力方面已取得了许多重大发明与技术突破。首先在柔性交流输电技术、继电保护技术等领域取得重大突破，有力推动了行业技术进步，突显了我国电力科技水平及国际竞争力；其次是践行国家绿色发展战略，在超超临界二次再热燃煤发电技术、天然气分布式能源系统等领域取得了一系列具有自主知识产权的核心技术，促进了节能减排，推动了燃煤的清洁高效利用；再次是我国在水电技术领域又取得突破性进展，在土石坝精细化施工、巨型导流隧洞群等技术领域达到世界领先水平，对我国实现绿色可持续发展意义重大；最

后是建成可再生能源独立供电系统，对促进我国边远地区经济和社会发展作出了重要贡献，为解决"一带一路"地区缺电问题发挥了重要的示范作用。

电力的发现和应用

随着科技的发展，电已经与我们的生活息息相关，电灯、手机、电视、冰箱和空调等都离不开电。而人类对于电的研究也已经持续了千年之久，目前人们已经对电建立了十分全面的理论体系。

电的属性已经在前文进行了一些基本的介绍，而电力则是以电能作为动力的能源。19世纪70年代，电力的发现和应用掀起了第二次工业化高潮。20世纪出现的大规模电力系统是人类工程科学史上重要成就之一，是由发电、输电、变电、配电和用电等环节组成的电力生产与消费系统。它将自然界的一次能源通过机械能装置转化成电力，再经输电、变电和配电将电力供应到各用户。电力的产生方式主要有：火力发电（煤等可燃烧物）、太阳能发电、大容量风力发电技术、核能发电、氢能发电、水力发电等。当今是互联网时代，我们仍然对电力有着持续增长的需求，因为我们发明了电脑等更多使用电力的产品。新技术的不断出现使得电力成为人们的必需品。

2.3
小小益生菌，牛奶变"酸奶"

不知道大家有没有这样的经历：在气候湿热的日子里，打开一盒牛奶但没有及时喝完，在过了一段时间后发现牛奶居然变成了"酸奶"！这究竟是为什么呢？

放久了的牛奶变成"酸奶"

牛奶为什么会变成酸奶

牛奶之所以会发酵变成酸奶离不开益生菌。益生菌广泛分布在自然界中，乳酸菌就是其中的一种，它是能够利用葡萄糖或其他糖类经过发酵产生大量乳酸的一类厌氧细菌，其种类繁多，常见的有乳酸杆菌、乳酸链球菌、双歧杆菌等。在无氧条件下，牛奶中原有的天然益生菌或人工添加的乳酸菌能够将牛奶中的乳糖分解，产生大量乳酸，导致牛奶的 pH 下降，牛奶变酸。而酸性条件又能够让牛奶中的乳酪蛋白发生凝聚沉淀，从而使牛奶开始变稠，成为又酸又稠的酸奶。

益生菌的功效

那么这样的结果对于我们人类来说是好是坏呢？其实从名字就可以看出来：益生菌，它对人类确实有好处。

首先，益生菌能促进我们人体对于营养物质的消化吸收。益生菌可以合成一种特殊的用来进行消化的酶，这些酶与动物体本身合成的消化酶结合在一起，共同参与着营养物质在肠道中的消化，促进肠道对营养物质的吸收，提高各类营养成分的吸收率。

益生菌的好处

同时，益生菌对免疫力较低的人群必不可少——提高人体免疫力。这是由于大多数益生菌自身结构中含有许多如肽聚糖、脂磷壁酸等特殊成分，从直接途径来说，这些成分可作为抗原发挥免疫激活作用，或者通过间接途径实现免疫激活剂的自分泌，刺激我们的人体免疫系统，增强我们体内的固有免疫细胞和杀伤细胞的活性，最终实现保护机体健康的目的。

当然，作为酸奶最重要的成分之一，维持肠道菌群结构平衡，促进肠胃健康是益生菌必不可少的功效。肠道不仅是人体正常的组成部分，参与机体重要的生理活动，同时，肠道中还存在复杂的肠道菌群，它们对人的生长、发育和健康等方面发挥着重要的功能。益生菌进入肠道内，一方面可以在肠道内定殖，维持肠道微生物菌群的平衡；另一方面益生菌可以直接作用于人体的免疫系统，诱发肠道免疫，促进巨噬细胞活性。

更令人不可思议的是，益生菌居然还有预防癌症和抑制肿瘤的功效。在人体中，益生菌可以产生一些特殊的代谢产物，这些产物有着抑制不良肿瘤进一步生长繁殖的功效，如细菌素以及乳酸等，它们就是通过产生一种特殊的酶来抑制致癌物质的转化，并且同时能够激活我们人体的免疫系统，特别是它们能够极大地提高人体中巨噬细胞和 B 淋巴细胞的活性。另外，益生菌能够有效地刺激肠道进行蠕动，将肠道内的致病毒素排出体外，降低致癌的可能性。

细菌中的益生菌

那么如此"万能"的益生菌，它和一般细菌区别是否很大呢？其实，益生菌也是一种细菌。一听到细菌，大家的反应大概都会想到"生病"，但其实有相当一部分的细菌定殖在肠道后能帮助我们的身体达到一种健康的状态，这就是益生菌的功效。不过，刚出生的婴儿体内是没有细菌的，从第一口母乳开始，细菌才进入肠道。

　　大多数人对益生菌的认识应该还是处于模糊的状态，目前对其普遍的定义是："能够定殖于宿主某一部位并发挥有益宿主健康作用的微生物。"对于酸奶中的益生菌而言，"宿主某一部位"就是我们的消化道，尤其是小肠中后部和大肠。一般而言，这些益生菌要具有能够相当牢固地黏附在肠壁上的能力，实现所谓的"定殖"，这样它才不会随着食物的运动和肠道蠕动被排出体外；同时它还具有一定程度的繁殖能力，使其群落保持稳定的数量。

　　目前在我们可以喝到的酸奶和酸乳饮料中，常见的微生物有保加利亚乳杆菌、嗜热链球菌、嗜酸乳杆菌、干酪乳杆菌、双歧杆菌、鼠李糖乳杆菌。当我们喝下一袋酸奶时，酸奶中的微生物遇到的第一关就是胃酸。胃液的 pH 为 $1 \sim 3$，对嗜热链球菌来说，酸性过强，相当一部分嗜热链球菌在胃中就死亡了。微生物到达十二指肠时，胆汁中的胆盐会杀死绝大多数保加利亚乳杆菌和嗜热链球菌。这两种菌尚未抵达小肠中下部和大肠，就基本上全军覆没了，自然不能发挥明显的益生作用。对于另外四种菌，它们对胃酸和胆盐往往具有较强的耐受性，能够以相当可观的数量到达定殖部位。

　　那如果一盒牛奶放的时间久了变成了"酸奶"，是不是代表其中的益生菌发酵，对我们更有益呢？答案是否定的，如果是因为在空气中放久了变成"酸奶"，除了益生菌，空气中存在的大量细菌肯定也已经在牛奶中繁殖。要知道益生菌只是细菌大家族的冰山一角，会导致人体疾病的细菌大有"菌"在，因而为了自己的健康，同学们还是不要喝"放"成了"酸奶"的牛奶。

:::::::链接

微生物的分辨

在我们生活的环境中，微生物无处不在，它们是存在于自然界中的一群体积微小、结构简单、必须借助显微镜放大千倍甚至万倍才能观察到的微小生物，虽然小，但它们对于我们的身体健康却至关重要。其中，病毒会给我们带来疾病，而益生菌对人体有巨大好处，因此正确地辨别以及合理地利用它们，对我们的健康具有重要意义。

微生物是包括细菌、病毒、真菌以及一些小型的原生生物、显微藻类等在内的一大类生物群体，它涵盖了有益跟有害的众多种类，广泛涉及食品、医药、工农业、环保、体育等诸多领域。微生物大体可划分为以下八大类：细菌、病毒、真菌、放线菌、立克次氏体、支原体、衣原体、螺旋体。有些微生物是肉眼可以看见的，像属于真菌的蘑菇、灵芝、香菇等。还有的微生物是一类由核酸和蛋白质等少数几种成分组成的"非细胞生物"。而益生菌是通过定殖在人体内，改变宿主某一部位菌群组成的一类对宿主有益的活性微生物，通过调节宿主黏膜与系统免疫功能或通过调节肠道内菌群平衡，起到促进营养吸收、保持肠道健康的作用，从而产生有利于健康作用的单微生物或组成明确的混合微生物。

3

创新精神引领中国发展

3.1 打破霸权封锁——华为的自研技术之路

3.2 "中国天眼"——中国人的求知之眼

3.3 "人造太阳"——让世界看见东方红

3.1

打破霸权封锁
——华为的自研技术之路

在创业早期,华为的生存条件异常困难,纵观当时的中国通信市场,虽然需求旺盛,发展迅速,但国内企业的自主研发能力很弱,根本无法和海外厂商进行竞争。各地通信设备主流市场更是被国外产品长期占据,形成了"七国八制"的局面。此时,华为的创始人任正非意识到,想要继续生存,必须走自主研发的道路,生产完全拥有自主知识产权的产品。

技术领跑时代

作为唯一从跟跑到领跑的中国芯片——麒麟芯片,它在 3G 时代的芯片大战中扮演了"黑马"的角色。早在 2004 年,任正非便宣布华为要做自己的手机芯片,

最新款麒麟芯片

并于同年10月成立了海思半导体有限公司，拉开了华为自主研制芯片的序幕。2014年，首款麒麟芯片——麒麟910横空出世，这标志着华为具备了自主研发手机芯片的能力。截至2016年10月，短短两年的时间，华为麒麟芯片的出货量已经超过了1亿套。

此外，华为拥有全球独家的RYYB摄像技术。大部分手机在光线充足的场景拍摄都能获得不错的效果，但是在拍摄夜景时往往不尽如人意，而华为依靠RYYB技术可以提升40%的进光量，从而达到"夜视仪"般的效果，极大地满足了摄影爱好者的需求。

发展历程遍地荆棘

然而，华为在技术上的迅猛发展影响了美国的利益，尤其是即将广泛运用到各行各业的5G技术，华为已处于世界领先地位。因此，自2019年开始，美国联合其他国家对华为进行制裁和打压。2019年5月，美国将华为列入"实体清单"——美国为维护其国家安全利益而设立的出口管制条例，限制美国企业供货给华为。截至2020年8月，被列入美国实体清单的华为子公司总数已达152家。在美国政府的施压下，很多国家也放弃了和华为的合作。当时全球5G建设正处于高峰期，大量的5G合同都被竞争对手抢走，华为经历了一场前所未有的挑战，发展道路可谓漫长而艰辛。

重振旗鼓，再创辉煌

但是，所谓的制裁并没有压垮华为，反而成为华为重振自我、再度起航的引擎和动力，这正是其最难能可贵之处。在遭遇了重重阻挠后，华为顺势而为，加大了人工智能、手机操作系统、芯片制造以及云计算等多领域的发展，经过艰苦的拼杀，华为再次取得了骄人的战绩。

2021 年 10 月，华为举行主题为"没有退路就是胜利之路"的军团组建大会。大会上，任正非发表讲话："我认为和平是打出来的，我们要艰苦奋斗，英勇牺牲，打出一个未来 30 年的和平环境……让任何人都不敢再欺负我们……历史会记住你们的，等我们同饮庆功酒的那一天，于无声处听惊雷！"

2022 年，随着第二批、第三批军团的组建，迄今为止华为已累计组建了 20 个军团。军团的组建，是华为进行业务体制改革的重要举措，表明了华为涉猎多领域、促进产业转型升级、全面扩展业务的信心和决心。

华为的崛起，不但是一帮天才的奋斗史，还有说不尽的磨难，靠的是一步一个脚印的坚持和探索。2022 年 2 月，华为荣获央视十大"国之重器"品牌，颁奖词这样说道："以中华之名，凭奋斗探索科学无尽；以有为之势，靠实力攻克产业瓶颈。"华为的发展历程正如我们每个人的人生，在各个阶段都会遇到绊脚石，只要我们勇敢面对，放手一搏，曙光就在前方。

链接

5G 将会给我们带来怎样的改变

近年来，无人驾驶技术逐渐进入了人们的视野。复杂路况下，就连经验丰富的老司机都要小心翼翼，难道无人驾驶车可以胜过人类吗？事实上，人类眨眼一般在0.3秒左右，而5G的延迟远远低于这个数值。由于信号传输低时延的特点，搭载5G技术的自动驾驶车辆通过"车路协同"能够更加迅速地搜集信息，及时反应，下达指令，做出碰撞预警、车辆避让、施工绕行等行为。

此外，5G也可为医疗带来极大的便利。"争分夺秒"可能是对医疗急救最贴切的形容。临产孕妇等不起，新生儿更等不起，5G技术能起到什么作用呢？5G急救车内的远程视频屏幕，允许院内专家实时监控孕妇各项状态，指导施救。从孕妇被接上救护车那一刻起，整个医疗团队便已开始全速运转。

3.2

"中国天眼"
——中国人的求知之眼

使用望远镜观察月亮

望远镜，顾名思义是用来观测遥远物体的仪器，它在我们的日常生活中应用十分广泛。根据观测波段、安装位置、支架结构类型等方面的不同，望远镜的种类也十分多样。经过 400 多年的发展，望远镜的功能越来越强大，观测的精密程度也越来越高。我们今天要介绍的，是被誉为"中国天眼"的 500 米口径球面射电望远镜——FAST。

看透百亿光年，洞悉星辰大海

"中国天眼"FAST由我国著名天文学家南仁东于1994年提出构想，历时22年建成，于2016年9月25日启用，进入调试期。2020年1月11日，FAST顺利通过国家验收，正式投入运行。2021年3月31日，FAST面向全球科学家开放。

FAST坐落于中国贵州省黔南布依族苗族自治州，是具有我国自主知识产权、500米世界最大单口径（单口径相比于多口径在技术工艺相同的情况下，观测到的图片更加清晰，亮度更强）、最大灵敏度（望远镜能探测的最小亮温度表示灵敏度）的射电望远镜，其反射面面积相当于30个足球场大，能够接收到100多亿光年以外的电磁信号。

FAST堪称我国新的科技奇迹。FAST全新的设计思路，加之贵州当地洼坑地貌得天独厚的地理优势，开创了建造巨型射电望远镜的新模式。FAST与号称"地面最大的机器"的德国波恩100米望远镜相比，灵敏度提高约10倍；与美国阿雷西博300米望远镜相比，综合性能提高约2.5倍。作为世界最大的单口径望远镜，FAST将在未来10～20年保持世界一流设备的地位。

"中国天眼"

然而，FAST超大的工程规模、严苛的精度要求以及独特的运行方式也给科学家的建设道路带来了前所未有的挑战，但是因为有他，各种问题最终都迎刃而解。

可亲可敬的"中国天眼"之父——南仁东

古有十年磨一剑，今有二十二年铸"天眼"。

身为"中国天眼"项目首席科学家，南仁东先生身先士卒，为了全面地指导FAST项目的建设，他自学各领域的专业知识，拖着年迈的身体，常常在冰冷的办公室里工作学习到天明。选址期间，为了尽可能降低FAST项目的成本，选择到性价比最高的台址，南仁东带着300多幅卫星遥感图，几乎用脚踏遍了贵州大山里所有的洼地。为了争取到足够的建设资金，南仁东跑遍全中国，逢人便介绍"天眼"项目。FAST核心技术无例可循，关键材料亟须攻关，施工环境异常复杂，面对如此艰巨的工程，南仁东说："这是一件没有退路的事情，我不敢有半点疏忽，项目做不好没办法交代。"

克服了一项项史无前例、看似无解的技术困难，天眼终于完工。2016年9月，此时已罹患肺癌的南仁东，不顾身体病痛，从北京飞赴贵州，在远处目睹了经历漫长施工岁月的"中国天眼"正式启用仪式。遗憾的是，这位"中国天眼"首席科学家、总工程师，却没能亲眼见证"中国天眼"的高光时刻——2017年10月，"中国天眼"首次发现脉冲星。2016年9月15日，72岁的南仁东先生永远闭上了眼睛，他为崇山峻岭间的"中国天眼"燃尽了一生，打开了中国人追问宇宙的"天眼"。

南仁东曾说，建造"中国天眼"不是为了个人，而是为了整个射电天文界，尤其是为了年轻的研究生、博士后以及下一代的天文学者。通过 FAST 工程的实施，南仁东培养了一支优秀的研究队伍。他身上勇于探索、无私奉献的精神，时刻激励着大家前进。

:::::: 链接

FAST 的建成给太空探索带来了哪些便利

通俗地说，FAST的建成意味着人类观测太空将不存在任何死角。FAST自2017年10月10日发现第一例脉冲星以来，截至2024年4月已发现900余颗新脉冲星，成为自其运行以来世界上发现脉冲星效率最高的设备。所谓脉冲星，就是正在快速旋转的高密度星体，其自身的辐射如同灯塔的光束，时时刻刻在扫描着宇宙，这也决定了它是目前宇宙中最适合的定位系统。发现一颗新的脉冲星就如同给宇宙地图添上了一笔。在未来，脉冲星系统就如我们手机里的导航系统一样，指引我们遨游茫茫宇宙。

此外，领先于世界的超强综合能力意味着FAST有着一双更敏锐的眼睛，能够看到别人看不见的事物，可以探测太空中极其微弱的信号，包括可能的外星文明的坐标信息。据我国《科技日报》2022年6月14日报道："中国天眼探测到多例可疑的电磁信号，疑似来自地外文明。"科学家们正在进一步甄别和排查这些信号，以确定它们的来源。

3.3
"人造太阳"
——让世界看见东方红

　　大家对"核聚变"这个词或许比较陌生。简单解释一下，一切物质都是由原子构成的，质量较小的原子在外界高温高压等特定条件下，会发生聚合反应，生成新的质量更重的原子，同时释放出巨大的能量，科学家们将这一过程称为"核聚变"。目前，核聚变已成熟应用于氢弹的研究中，此外还有一项重要应用就是我们本节要了解的"人造太阳"。

1967 年 6 月 17 日，
中国第一颗氢弹爆炸成功

什么是"人造太阳"

　　万物生长靠太阳。太阳已经形成了 45 亿年，它源源不断地以光和热的形式向外辐射能量，这些能量传输到地球上，维持着水循环、大气循环、植物光合作用等自然现象。太阳巨大的能量就来自核心区域持续的核聚变反应。

然而，释放大量能量的同时当然少不了自身质量的损耗。据计算，太阳每秒亏损的质量高达 430 万吨！而一头大象也不过才 5 吨。因此，科学家想到，如果可以研制一种能够实现可控的核聚变反应的装置，使其像自然界中的太阳一样实现持续的聚变反应，就可以源源不断地产生核聚变能，从而获得一颗永不落山的"小太阳"，来克服人类日益严峻的能源短缺问题。这项研究也被形象地称为"人造太阳"工程。

为什么要造"人造太阳"

目前地球上仍然以煤、石油、天然气为主要能量来源，而它们不可再生，因此未来有枯竭的危险，此外还存在一定的环境污染；而风能、水能、太阳能等新能源又受限于天气或地理条件等因素，无法持续高效地提供能源。

相比之下，核聚变能作为新能源，具有以下优点：

1.效率高，可持续。以最常见的氘（dāo）氚（chuān）聚变为例，1 克氘氚聚变原料产生的能量相当于燃烧 8 000 千克汽油。而原料的来源和储量都非常丰富——海洋中大约 6 500 个氢原子中有 1 个重氢（氘），仅仅需要 1 升海水，就可以通过核聚变获得 300 升汽油的能量。

2.安全清洁无污染。核聚变产物是氦（氦气为空气的组成成分之一，无色无味无毒），且无放射性核废料，对人体不会造成危害。

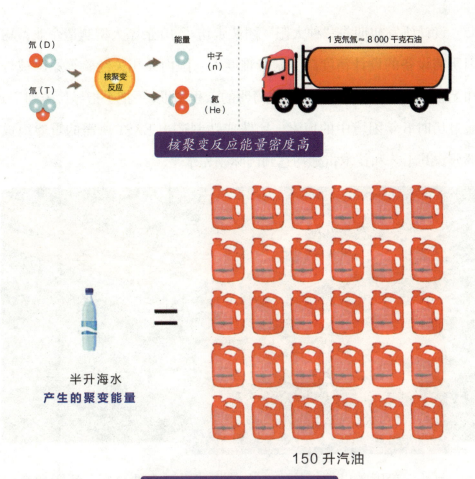

氘（D）

氚（T）

核聚变
反应

能量

中子
（n）

氦
（He）

1克氘氚 ≈ 8 000千克石油

核聚变反应能量密度高

半升海水
产生的聚变能量

=

150升汽油

海水蕴藏丰富的核聚变原料

从"跟跑"到"领跑"——"人造太阳"在中国点亮

1998年7月，中国"人造太阳"EAST正式立项，并于2000年10月开工建设。然而，在20世纪90年代，中国聚变工程技术和超导工业十分薄弱，没有研制任何相关系统的经历。虽然核聚变的原理说起来简单，但开发核聚变能却是对国家科学与技术实力极限的挑战，因为这要求依靠人工控制极端且严苛的条件。

设计研发初期，"种太阳"团队走访了 10 余家大型制造企业，均因所需设备的设计精度高、制造难度大、国内无相关经验等原因被告知无法加工。团队将参数细化成简明的工程图纸，手把手指导厂家加工。通过历时 6 年困境中的摸索，团队成功制造出 EAST 所需的重要组成部分，其工艺和技术指标均达到国际领先水平。

我国自主研发建造的"人造太阳"EAST

此外，美国曾以核心技术为由禁售建设"人造太阳"所需的高强度零件。越是封锁，越要超越。面对这个必须解决的难题，科学家团队从浩瀚的文献资料中找寻突破口，经过数百种材料比对和上千次实验，终于攻克了关键技术，打破了国外封锁，制造出国内无生产先例的大尺寸高强度核心零件，将生产成本降低近 90%，极大节约了科研经费。

2021 年 5 月 28 日，EAST 成功实现可重复的 1.2 亿摄氏度 101 秒和 1.6 亿摄氏度 20 秒等离子体运行，而就在半年后的 12 月 30 日，EAST 成功实现 1 056 秒的长脉冲高参数等离子体运行，均在当时创造了新的世界纪录，这标志着中国在国际可控核聚变研究领域内实现了一项巨大突破。科研人员称新纪录进一步证明核聚变能源的可行性，也为其迈向商用奠定了物理和工程基础。

"EAST装置建设，瞄准世界前沿，高标准、严要求地完成了国家大科学工程建设任务！"中国科学院等离子体物理研究所所长宋云涛自豪地说。

:::::::链接

核聚变与核裂变

从名字中的"聚"和"裂"我们不难看出，核聚变与核裂变是两种相反的过程。前文说到，一切物质都是由原子构成的，而原子是由原子核和核外电子构成。看了前文的介绍，相信大家对核聚变已经有了一定的了解，下面再来介绍核裂变。

核裂变是一个原子核分裂成几个原子核的变化。只有一些质量非常大的原子像铀（yóu）、钍（tǔ）等才能发生核裂变。这些原子的原子核在相应的外界条件下会分裂成两个或更多个质量较小的原子核，同时放出巨大的能量，这些能量又能使别的原子核接着发生核裂变，使过程持续进行下去，这种过程我们称作链式反应。原子核在发生核裂变时，释放出巨大的能量称为原子核能，简称原子能。太阳的产能方式以及氢弹都利用了核聚变的原理，而核裂变主要应用于核电站和原子弹。目前相比于核聚变，核裂变是可控的，因而更安全。

4

绿水青山中的"金山银山"

4.1 海平面上升的那一点

4.2 让汽车和汽油"分手"

4.3 纸吸管吸出大学问

4.1

海平面上升的那一点

　　全球变暖的持续加剧引发地球南北极的冰川消融，消融的冰雪随之加速全球海平面的上升，这是一种缓发性的自然灾害。据权威机构数据评估，截至 2024 年，全球海平面正以每年约 0.3 厘米的速度上升。很多人认为这样的上升速度相对巨大的海洋来说，似乎无关紧要，但是随着时间的推移，海平面的不断上升会使世界上许多低海拔的海岸线、海滩或岛礁被淹没，更甚者风暴潮会淹没整座城市。

全球变暖，冰川融化

海平面上升的原因

那么，海平面到底为什么一直在上升？其实真正导致海平面上升的主要原因并不是冰川融化，而是海水的热膨胀。全球气候变暖会导致气温不断上升，而与空气直接接触的海水表面的温度就会升高。这样一来，上层海水与深层海水就会形成较大的温度差，深层海水遇热膨胀，体积就会不断扩大，继而造成海平面上升。而只有当深海温度与大气温度达到平衡时，这种膨胀才会停止。同时，气候变暖导致南极洲的冰川不断融化，又将进一步加快海平面的上升。而且冰川融化是不可逆的，所以如果海水温度继续上升，海平面将会只上升不下降。事实上，19世纪气候变暖以来，海平面每100年平均上升0.10～0.15米。

科学家们也多次去往各大冰川探测，在冰上钻孔，去勘探冰层下面的海洋深处，测量各处海水的温度，发现海水的温度极高，足以融化冰川，这也证实了全球变暖导致海平面上升问题的严重性。

正在被遗忘的太平洋岛国

要知道看起来微不足道的上升数字，却足以影响一个沿海村庄乃至岛国的存亡。在斐济瓦努阿岛，一些多年前还是沙滩的海岸，如今已变成绵延的浅滩，渔民站在齐腰深的海水中捕捞；在岛国瓦努阿图的沿海村庄，每当涨潮，海水就会冲进村庄，人们担心，随着海平面不断上升，整个村庄都将被海水淹没；在所罗门群岛的一些海岸，海水不断冲蚀椰林，不少椰树的根部裸露在海水中，成为海平面上升的

瓦努阿图海滩上靠近水的棕榈树

最早受害者。

2001 年，南太平洋的岛国图瓦卢决定迁往新西兰，成为世界上第一个因海平面上升而放弃家园的国家。这个世界第二小的岛国，海拔最高 4.5 米。

空中看图瓦卢

由于地势极低，持续上升的气温和海平面严重威胁着图瓦卢。从 1993 年至 2017 年，其海平面总共上升了 9.18 厘米，按照科学家的推算，50 年之后，海平面将上升 37.6 厘米，这意味着图瓦卢至少将有 60% 的国土彻底沉入海中。

海洋之大，众所周知，每一毫米的海平面上升都意味着大量的淡水融入海洋，都意味着对洋流和海洋生态造成巨大改变，洋流的变化会导致风向改变，影响降水，严重时会导致干旱、飓风、冰雹、洪涝等破坏性天气，会在短期内影响农业生产和人们的生活，其破坏性并不是在千百年后才体现出来的。

与此同时，风暴潮和洪涝灾害的发生，会导致沿海低地与海岸受到侵蚀，滨海地区用水受到污染，农田盐碱化，潮差加大，波浪作用加强，减弱沿岸防护堤坝的能力，还将加剧河口的海水入侵，增加排污难度，破坏生态平衡。

风暴潮

共同应对气候变暖

由于二氧化碳排放量的严重超标，全球变暖的形式愈加严峻，人类已经在面临超越红线的危机。太平洋岛国是世界上受气候威胁最严重的地区之一，而小岛国家并不能独自应对气候变化带来的后果，迫切需要与各国加强在该领域的合作。

面对这样一个全球性的危机，1992年联合国明确制定了《联合国气候变化框架公约》，为各个国家携手面对全球气候变暖问题搭建了基本框架。2015 年《巴黎协定》的通过，确定了长期目标是将全球平均气温较前工业化时期上升幅度控制在 2 摄氏度以内，并努力将温度上升幅度限制在 1.5 摄氏度以内。而中国一直以来都主动承担与国情相符的国际责任，不断提高应对气候变化行动力度，出台了许多低碳减排的方针，国务院也印发了"十四五"节能减排的综合工作方案的通知。绿色"一带一路"建设就是中国向世界贡献的国际公共产品，对全球气候治理实践发挥着积极的引领作用。

不仅如此，其他国家也紧跟国际步伐，通过施行碳税、推行碳市场等一系列措施，抑制传统高污染产业发展；鼓励相关科学技术的研究，并且投入国际合作中，建立许多关于碳捕集与封存的项目……

恩格斯很早就指出："我们不要过分陶醉于我们人类对自然界的胜利。对于每一次这样的胜利，自然界都对我们进行报复。"气候变化带给人类的挑战是现实的、严峻的、长远的。虽然"道阻且长"，但应坚信"行则将至"。应对气候变化，这是全人类的共同事业，需要全球各国秉持人类命运共同体的理念，同舟共济，勠力同心，携手共进，汇聚起构建人与自然生命共同体的磅礴力量。要知道我们正站在一个十字路口，我们现在所做的决定是为了确保有一个宜居的未来。

链接

温室效应的成因及危害

温室效应是由于大气中大量的二氧化碳、氟氯烃、甲烷、二氧化氮等温室气体，像玻璃罩一样，紧紧地罩在地球的周围，使太阳照射在地球上的热量无法逸散，从而使气候圈增温的现象。目前，产生温室效应的原因主要是：现代工业社会过多燃烧煤炭、石油、天然气等化石燃料，释放出了大量的二氧化碳等气体进入大气。

温室效应的加剧必然会带来的危害有：全球气候变暖，极地冰川融化，海平面上升；气候带北移，如果物种迁移适应的速度落后于环境的变化速度，则会引发生态问题；还会使局部地区在短时间内发生急剧的天气变化，导致气候异常，造成高温、热浪、热带风暴、龙卷风等自然灾害加重。此外，温室效应也会导致极端天气出现的频率增加，使心血管和呼吸系统疾病的发病率上升，同时还会加速流行性疾病的传播和扩散，从而直接威胁人类健康。

4.2
让汽车和汽油"分手"

汽车作为一种重要的生产和交通工具，越来越广泛地深入人们的生活。但同时汽车对石油化工业的依赖性较大，随着能源短缺、环境污染的加剧及科技和产业变革的升级，传统汽车正面临不小的危机。所以自国家大力发展新能源汽车以来，越来越多的汽车制造商涉足新能源汽车领域，其中许多新能源汽车制造业的新力量在短短几年内发展成为知名品牌，市值已经超过了许多几十年或几百年的传统汽车公司。可以说，新能源汽车已经成为汽车产业转型升级的中坚力量。

环保的新能源汽车

新能源汽车的动力来源

新能源汽车是指采用非常规的车用燃料作为动力来源（或使用常规的车用燃料、采用新型车载动力装置），综合车辆的动力控制和驱动方面的先进技术，形成的技术原理先进、具有新技术、新结构的汽车。

新能源汽车大致可分为以下几类：

1.纯电动汽车。汽车的动力由蓄电池提供，通过电池向电动机提供电能，驱动电动机运转，从而推动汽车行驶。纯电动汽车的可充电电池主要有铅酸电池、镍镉电池、镍氢电池和锂离子电池等。动力电池可以进行反复充能使用，是汽车动力发展的全新方向。

2.混合动力汽车。汽车采用传统燃料，同时配以电动机或发动机来改善低速动力输出和燃油消耗。目前在国内，混合动力车辆的主流是以汽油混合动力为主，而国际上柴油混合动力车型的发展也比较快速。

3.燃料电池电动汽车。在催化剂的作用下，用氢气、甲醇、天然气、汽油等作为反应物与空气中的氧在电池中燃烧，通过化学反应产生电流，依靠电机驱动汽车。例如氢燃料汽车，是一种能真正实现无污染、零排放的交通工具，也是传统汽车最为理想的替代品。

新能源汽车的缺点及技术障碍

尽管国家和地方政府出台了许多促进新能源汽车发展的优惠政策，但新能源汽车市场仍然面临诸多问题。混合动力汽车由于复杂的动力输出和切换结构，使得其在维护和修理方面出现一定困难。此外，在长距离驾驶过程中，混合动力汽车减少排污能力有限，相比传统汽车消耗相差不大。电动汽车可以实现短距离无噪声零污染的行驶，但如果路况比较复杂或者行驶距离比较长，就会面临动力电池电力不足，即续航能力较差的问题。

此外，目前电动汽车的动力电池在经过多次使用后，或多或少会出现储电能力下降以及动力下降的问题。虽然新能源汽车本身价格不高，但是维修电池费用高昂。而且动力电池的充电效率有待提高，再加上我国很多城市或地区充电基础设施建设不够完善，导致电动汽车的普及出现较大问题和阻碍。氢动力汽车的主要缺点则为目前仍没有有效廉价的获取氢燃料的方法，氢燃料的价格以及制造氢燃料的能源消耗问题无法解决。

随着人们环保意识的不断提高和石油危机的出现，对汽车行业进行技

新能源汽车

术性发展已成为社会的共识。新能源汽车行业应该抓住发展的机遇，在关键技术上不断完善，努力开拓新的市场，实现新能源汽车发展的新突破。我国是发展中国家，但在新能源汽车领域却与其他国家处在同一起跑线上，对此我国汽车行业应该紧随时代的潮流，努力发挥自身优势，在未来新能源汽车发展中占据一席之位。

:::::: 链接

可再生能源之生物燃料

可再生能源，指自然环境为人类持续不断提供的有用能量的物质，相比化石能源，其产生和使用具有持续不断或循环往复的自然特征，比如水能、风能、太阳能、地热能、海洋能、生物

生物燃料

质能等。近年来，由于可以较好替代由石油制取的汽油和柴油，生物燃料成为可再生能源开发利用的重要方向。生物燃料泛指由生物体组成或转化的固体、液体或气体燃料，包括燃料乙醇、生物柴油和航空生物燃料等，具有良好的可贮藏性和可运输性。我国在生物燃料发展方面取得了很大的成绩，特别是以粮食为原料的燃料乙醇生产，已初步形成规模。

4.3

纸吸管吸出大学问

2021 年伊始，随着"禁塑令"的推行，全国范围餐饮行业已经被禁止使用不可降解的一次性塑料吸管，于是，纸制吸管便登上舞台，成为塑料吸管的首选替代品。原本人们认为用纸吸管只是喝奶茶生涯中一次小小的让步，然而，由于纸吸管的特殊材质，当他们照例捧起一杯奶茶，试着用纸吸管完成一次从杯底到口腔的液体运输时，就会发现，这个改变好像并没有想象中那么简单。

纸吸管

戳不破的奶茶盖

奶茶盖难戳，归根结底还是纸吸管的硬度问题。市面上常见的都是"纸＋塑料涂层"的吸管，它们基本是由两层里纸和一层面纸卷曲而成，这些纸张主要以漂白硫酸盐阔叶木浆和针叶木浆为原料。为了让纸吸管可以更好地维持形态，人们还将聚乙烯（PE）和聚丙烯（PP）涂在了纸的内层。

但是，相比之下，完全使用聚丙烯材质的奶茶盖还是结实得多，再加上覆盖时紧绷的张力也增加了破坏难度。有的纸吸管甚至连较为尖锐的突破口都不曾留，使得人们只能将奶茶盖撕开。

纸吸管的构造

吸不上的珍珠

纸材质天然的吸水性使纸吸管成为稍微大一些的珍珠、芋圆、麻薯等固体食物的天然克星。纸张由细小的植物纤维构成，它们之间会存在许多空隙，当液体接触纸的表面，会因毛细现象被吸到纸里。而芋圆、珍珠等小料在液体中浸泡膨胀，表面水分较多，经过纸吸管内壁时，这些小料的水分子就会不受重力影响，"跑"到纸吸管原材料纤维的内壁中，导致容易粘住。

尽管有些纸吸管在生产过程中会在内壁附着一层特制薄膜，以便阻隔液体和纸原料，但比起畅通无阻的塑料吸管，顺滑度还是十分有限。

纸吸管真的环保吗

相比需要几百年乃至上千年才能降解的塑料吸管而言，只需要几年就能降解的纸吸管确实具有优势。单纯的纸制品的确容易降解，但由于纸吸管是"纸＋塑料涂层"这样的复合材料制成的，分离纸类与其他材料，在技术上存在很大难度，让复合纸制品的可降解性大打折扣。从成本出发来看，纸吸管的造价要比塑料吸管高很多，这在一定程度上会造成资源的过度消耗。

此外，造纸产业所带来的污染不容小觑，如黑液污染。纸浆生产会产生很多含有大量木质素的黑褐色废水，它们会严重破坏周围水质和土壤，并且难以消除。

"黑液"的出现

所以纸吸管也并没我们想象中那么绿色环保。

怎样拯救纸吸管

除了纸吸管，我们还有什么其他选择呢？就在这个时候，新型 PLA 可降解吸管进入大众视野。PLA 这种材质是由玉米或淀粉乳化而成，它的光泽度、透明度、硬度和弹性均最贴近传统塑料吸管的使用感受，还可以承受 -10℃ 到 80℃ 的温度。同时，它具有良好的生物可降解性，相比塑料吸管上百年的分解时间，PLA 吸管在堆肥条件下，只需要 40 多天就可以被自然界中的微生物完全降解，是公认的环境友好材料。

但是，成本高和保质期短等问题也成了 PLA 吸管的绊脚石。一根塑料吸管的成本可以控制在 3 分钱左右，而纸吸管的成本可以达到 1 角钱，PLA 吸管的成本则会更高。此外，PLA 吸管保质期较短，通常不超过 12 个月，大约半年性能就会下降，相比之下，纸吸管的保质期在 2 ~ 3 年。

金属吸管

竹制吸管

不管是哪一种材质的吸管，总有它的优点和缺点，所有一次性产品的生产与消耗也总会伴随着浪费与污染。作为普通消费者，绿色消费理念往往是从细节上体现的。或许，不满纸质吸管的我们，还可以选择自备玻璃、金属或竹制吸管，让环保落到实处。

塑料到底为什么难降解呢

塑料由许多材料混合配制而成，主要成分是合成树脂——一种高分子聚合物，并且含有少量添加剂。人们为了改进塑料的性能，还要在高分子化合物中添加各种辅助材料，比如填料、增塑剂、润滑剂、稳定剂、着色剂、抗静电剂等。所以，塑料的化学性质非常稳定，很难被分解，同时它也很难被分类回收，需要消耗大量的人力和财力。

但在最新的研究中，人们发现黄粉虫（俗称"面包虫"）的幼虫可降解聚苯乙烯这类最难降解的塑料，这提供了一个降解塑料的新视角，开辟了一条新的科学道路。

5

我们的目标是星辰大海

5.1 "天问一号"——中国印记留在火星

5.2 太空之中何以为家——"天宫"

5.3 "嫦娥"与"玉兔"的奔月之旅

5.1

"天问一号"
——中国印记留在火星

2020年7月23日，在海南文昌航天发射场，长征五号遥四运载火箭带着一颗名叫"天问"的探测器开启了一段火星之旅。2021年2月，"天问一号"成功抵达火星，同年5月，"祝融号"火星车成功登陆火星，并开始火星表面探测任务。

此次"天问一号"火星探测器的成功发射无疑成为中国航天事业的一个里程碑，正如习近平总书记赞扬的那样："'天问一号'探测器着陆火星，迈出了我国星际探测征程的重要一步，实现了从地月系到行星际的跨越。"

"天问一号"发射现场

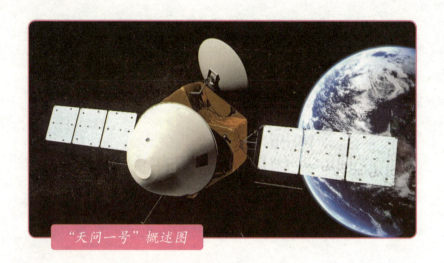

"天问一号"概述图

"天问"由何而来

2020 年 4 月 24 日，经过全球范围内的网络投票之后，"天问"一词从诸多优秀作品中脱颖而出，中国行星探测任务被正式命名为"天问系列"，首次火星探测任务被命名为"天问一号"，后续行星任务依次编号。

"天问"一词出自中国古代爱国主义诗人屈原所作《楚辞》中的长诗《天问》，表达了一种对真理追求的坚韧与执着，体现了对自然和宇宙空间探索的文化传承，寓意中国人民在科学真理探索、创新技术发展漫漫征途上的永无止境。

在 2021 中国航天日启动暨中国航天大会开幕仪式上，中国首辆火星车被命名为"祝融号"。祝融在中国传统文化中被尊为火神，由火星的"火"字有感而发。火神用火照耀大地带来光明，而"祝融号"则点燃了中国星际探测的火种，照亮了中国人民对浩瀚宇宙不断探索的前路。

揭开火星的神秘面纱

数千年前，地球上的人类就开始对火星进行观测。欧洲古称火星为"马尔斯"，其是古罗马神话中的"战神"，古汉语中则称之为"荧惑"。几百年前，基于火星运动轨迹的资料，开普勒提出行星运动规律，后来，随着技术的发展，天文望远镜、飞行探测器为人类更详尽地认识火星提供了帮助。

火星作为太阳系八大行星之一，是距离太阳第四近、第二小的行星，同时也是太阳系中四颗类地行星之一。为何大家对"探火"充满好奇呢？作为距离地球较近的行星之一，

火星表面图

从距离上来看探测火星的难度比其他几颗行星要小很多。虽然火星的个头比地球小很多，但是其表面的环境与地球十分相似，火星上有类似于地球的江海湖泊和大气，人类一度曾认为火星上存在生命。同时火星的自转周期是 24.6 小时，昼夜交替的规律与地球十分相似。并且火星的日射量少，大气层薄，相较于其他一些行星，火星与地球温度十分相近。

火星与地球如此多的相似性让人类觉得火星有可能成为未来殖民的一个目标，因此人类迫切地想知道火星上是否存在生命或者火星的环境经过改造是否能满足人类活动的需求，但只有经过不断探索，技术不断发展，才可以验证被寄予厚望的火星是否可以成为另一个家园。

"天问"任务艰巨

　　"天问一号"执行中国首次火星探测任务，其飞行目标是：在国际上首次通过一次发射，实现火星环绕、着陆、巡视探测，使中国成为世界上第二个独立掌握火星着陆巡视探测技术的国家。"天问一号"围绕"火星是否存在生命迹象""火星的演化以及与类地行星的比较研究"以及"火星长期改造后建立人类第二个栖息地的前景"三个科学目标展开探测，主要完成探测火星形貌与地质构造特征、火星表面土壤特征与水冰分布、火星表面物质组成、火星大气电离层及表面气候与环境特征、火星物理场与内部结构等任务。

　　"天问一号"探测器上共搭载了 13 台科学仪器，包括 7 个环绕器和 6 个巡视器，来支持相关任务的开展。环绕器主要负责火星外围的环绕观测，而巡视器便是火星车"祝融号"，它负责火星表面一些区域的高精度探测。"祝融号"火星车需要在短短的 90 天时间内，借助自身的导航与地形相机、次表层探测雷达、磁场探测仪等完成上述指定任务，并将相关数据、图片等反馈给地面科研人员。

"祝融号"火星车

2021 年 6 月 11 日，国家航天局举行了"天问一号"探测器着陆火星首批科学影像图揭幕仪式，发布了由"祝融号"火星车拍摄的着陆点全景、火星地形地貌、"中国印迹"和"着巡合影"等影像图。这也标志着中国首次"探火"的圆满成功。

英国《自然》杂志评价称，中国"天问一号"能一次性完成"绕、落、巡"三大任务，创造了新的历史纪录。

我国借"天问"这个充满浪漫主义和历史文化色彩的词语开启了中国人民对火星的探索之路，用"祝融"点燃了行星探测的前路。从航天、探月再到如今的"探火"，一颗颗探测器带着中国人民对科学真理的不懈追求，带着中国不断创新的科技飞向了更深的宇宙。让我们期待"天问二号""天问三号"……探测器的发射，也让我们期待对其他行星探索征程的开启。

::::::链接

探索火星困难重重

1960 年苏联首次尝试向火星发射探测器以失败告终，从那时候开始到 2024 年，人类已经发射了 40 多次火星任务，其中成功了十几次，那么探索火星难在哪里呢？

火星上的陌生环境是火星探测任务的最大难点。与月球相比，火星地貌更为复杂，距离太阳更远，夜间温度低，拥有稀薄的大气，气候变化极具不确定性。

遥远的距离也是个大问题。火星离地球最近的距离是 5 500 万千米，最远将达到4亿千米。距离最远时，以光速传播单程也需要将近23分钟。从地球上发送一个指令过去，探测器要在23分钟之后才能够执行，而与地面测控站的往返"对话"，一次需要40多分钟。

由于火星车使用太阳能供电，保证能源供应是一大困难。火星光照强度小，加上火星大气对阳光还有削减作用，火星车的能源供给会比月球车更为困难，因此，对火星车太阳能面板设计、火星车休眠设计等方面有着更高要求。

5.2
太空之中何以为家
——"天宫"

　　"一闪一闪亮晶晶，满天都是小星星。"相信同学们小时候都听过这首《小星星》。当晴天的夜晚来临，仰望天空，会看到散落在天幕上闪烁的行星。面对这漫天星辰，大家可能会产生漫游星空的想法，或是成为"摘星人"，找到那颗想要的明星。

　　而在浩瀚的宇宙之中何以为家，中国航天人给出了答案，那就是中国载人空间站"天宫"。2021 年 4 月 29 日，作为这个太空家园最重要一环的天和核心舱在海南文昌航天发射场成功发射，成为中国空间

"神舟十三"发射图

站建设的里程碑时刻。5月29日，天舟二号飞船"送货上门"。6月17日，神舟十二号载人飞船带着首批"旅客"——聂海胜、刘伯明、汤洪波入住核心舱，开启了中国载人航天工程空间站阶段的首次载人飞行任务。同年10月，第二批"旅客"——翟志刚、王亚平、叶光富乘坐神舟十三号，顺利进驻天和核心舱，开启长期驻留时代。

空间站的发展和及格线

空间站概念的提出可以追溯到1869年，此后，苏联考科学家康斯坦丁·齐奥尔科夫斯基和德国科学家赫尔曼·奥伯特也对空间站进行过设想。但是由于当时科技发展水平有限，从设想到实践之间有着十分遥远的距离。

在后来的美苏太空竞赛中，1971年苏联发射的"礼炮一号"成为人类第一个顺利升空的空间站。1998年11月国际空间站的第一个模块（"曙光号"功能货舱）发射升空，随后不断扩充，由多个国家分工建造并共同使用。"曙光号"功能货舱被沿用至今，成为国际太空开发合作的标志。

空间站作为人类在太空赖以生存的场所，其构造、功能都有着极高的门槛要求。首先，空间站必须在地球轨道上环绕，要有精确的轨道数据计算。其次，正如谚语"罗马不是一天建成"的那样，空间站的各部分需要多次火箭发射，并在太空中完成对接组装。同时为了保证空间站的长期正常运行，需要对零件更替保养，并且由货运飞船和载人飞船分别补给物资和更替人员。最重要的是，空间站必须维持生存环境，供氧、供水、平衡气压、防辐射等都是必备的。当然还要配上网络、健身器材等，让航天员在工作之余放松身心，提高在空间站的生活品质。

"天宫"的优秀起跑

天宫空间站由天和核心舱、梦天实验舱、问天实验舱、神舟载人飞船、天舟货运飞船 5 个模块组成。各个飞行器既具备独立飞行的能力，亦能和核心舱拼接组合变成不同形态的空间组合体，承担多种任务，可谓"分则各自为王，合则天下无双"。

相比由多国这么多年以来联合建造的国际空间站，天宫空间站一期工程百吨级的吨位的确显得处于劣势。但是国际空间站的利用率显然并不高，在其 420 的吨位中只有约三分之一的规模是给航天员来工作和生活的。除此之外，国际空间站仅有 3 个实验室，且其中安装的实验机柜数量并不多。而中国天宫空间站一期可安装 23 个机柜，在吨位不占优的情况下可谓利用率相当高了。并且，"天宫"后期还会不断扩大规模，追赶上国际空间站的步伐。

目前中国发射的天和核心舱，其先进的技术、各项标准都达到国际先进水平。其长度达 16.6 米，总质量达 22.5 吨，内部总空间达 50 米^3，是目前质量、体积最大的单模块空间站舱段。并且仅仅一个"天和"就具备了国际空间站三大舱段的功能，即存储燃料、生命保障、轨道控制。天和核心舱的这些优点为后期空间站的扩张、开展实验和探索

"天宫"空间站模拟图

任务打下了坚实的条件基础。

"天宫"未来可期

2022 年，中国载人航天事业取得了进一步突破。这一年，神舟十四号、十五号载人飞船成功发射，问天、梦天实验舱等顺利对接，中国空间站建设取得历史性突破……回首这一年，我们在天上解锁了哪些成就？

5 月 10 日，搭载天舟四号货运飞船的长征七号遥五运载火箭在文昌航天发射场成功发射，这是我国载人航天工程的第 22 次发射任务，

也是中国空间站建设从关键技术验证阶段转入在轨建造阶段的首次发射任务，揭开了中国空间站在轨建造的序幕。

随后，中国空间站在轨建造阶段的首次发射任务——神舟十四号载人飞行任务取得圆满成功。陈冬、刘洋、蔡旭哲3名航天员进驻天和核心舱，开启了为期6个月的在轨驻留。

7月、10月，问天实验舱、梦天实验舱陆续发射，中国空间站"T"字基本构型在轨组装完成。

梦天实验舱发射成功的9天后，天舟五号货运飞船搭载长征七号遥六运载火箭发射，与在轨运行的空间站组合体成功进行自主快速交会对接，时间仅用2小时，创造了世界航天史交会对接历时最短的新纪录。

11月29日，中国空间站在轨建造迎来收官之战。费俊龙、邓清明、张陆3名航天员搭乘神舟十五号载人飞船并顺利进驻中国空间站，神舟十四号、十五号两个航天员乘组首次实现"太空会师"，创造了中国航天的历史性时刻。

2023年5月30日，搭载神舟十六号载人飞船的长征二号F遥十六运载火箭在酒泉卫星发射中心发射升空，发射取得圆满成功。中国航天人的日程可谓排得满满当当，我们也期待每次发射任务都能取得圆满成功，"天宫"建设一切顺利。

"天宫"正如其名一样，在中国航天人的不断努力下必将成为一座满足生活、实验、空间探索等多需求的天中宫殿。"摘星星"的中国航天人在浩瀚的宇宙中，也能拥有一个安全、温暖的港湾。

⫶⫶⫶⫶⫶链接

宇宙中的多功能家园

空间站是太空旅行的航天员的一个安身之处，在保障生活质量的同时也要进行科研实验等项目。除此之外，空间站还有一项重要作用——在今后对距离更遥远的星球进行探索时，它可以成为人类的中转站、前哨站。

长时间在太空这种失重环境下，航天员的生理和心理都会受到冲击。在今天，空间站是唯一可以长期供航天员进行工作和实验的航天器，随着技术的不断发展，空间站通了更快的网，有了更多的健身器材、更完善的生活设施。追剧、听音乐、运动等活动，能让航天员身心都得到放松，以便更好地开展科研活动。

此外，空间站还可以测试未来可能用于太空探索的各类技术、设备和飞船，还能成为探索建造更大型飞船的实验模型。现代空间站这种搭积木式的建造方式，可以为建造更大、更合理的宇宙飞船提供经验。人类如果想飞往更遥远的深空，空间站必然是这趟旅途的大本营之一。

5.3

"嫦娥"与"玉兔"的奔月之旅

"小时不识月，呼作白玉盘。又疑瑶台镜，飞在青云端……"诗仙李白《古朗月行》中的描述想必是很多人小时候对月亮的美好印象。作为茫茫夜空中那最熟悉、最醒人眼目的天体，不禁让人充满向往。

1969 年 7 月 16 日，美国三位宇航员尼尔·奥尔登·阿姆斯特朗、巴兹·奥尔

中国探月工程标志

德林、迈克尔·柯林斯驾驶着阿波罗 11 号宇宙飞船，跨过 38 万千米的征程，承载着全人类的梦想踏上了月球表面。

而在 2004 年 1 月，中国正式开展月球探测工程，并给其取了一个充满文化色彩和浪漫色彩的名字——"嫦娥工程"。嫦娥工程分为无人月球探测、载人登月和建立月球基地三个阶段。第一阶段确定了"绕、落、回"三步走战略规划，随着嫦娥五号的成功返回，已全部完成。

月球真面貌

月球是地球唯一的天然卫星，目前推测月球成形于 45 亿年前，在地球形成后不久。关于月球的起源众说纷纭，当今有众多事实证据支持的说法是"大碰撞起源说"，即月球由地球与火星般大小的天体"忒伊亚"之间一次巨大撞击所产生的碎片聚集而成。

其实月球上根本没有神话里的嫦娥，也没有那棵巨大的桂树，更不用说什么琼楼玉宇。月球正面大量分布着由火山喷出的玄武岩熔岩流充填的巨大撞击坑，形成了广阔的平原，称为"月海"，但这个"海"里面没有一滴水。

月球是天空中除了太阳最亮的天体，夜晚的月亮总是呈现皎洁的白色，但是月球实际上不会发光，只会反射太阳的光，并且随着日月间角距离和地月间距离的改变，月球的亮度也在不断变化。

在神话传说里，月球被称为"广寒宫"，然而月球表面的温度可不仅仅是寒冷。月球表面没有大气，再加上表面物质的热容量和导热率很低，导致了月球表面昼夜温差很大。白天月球表面在阳光垂直照射的地方温度高达 127℃，而夜晚其表面温度可低到 –183℃。

月球宝藏——氦–3

2020 年 12 月 17 日，嫦娥五号返回舱在内蒙古顺利着陆，这一趟月球之旅可谓满载而归。本次任务嫦娥五号共计带回 1 731 克月壤样品，在后续研究中，测量月壤样品中的氦–3 含量是非常重要的一个项目。

氦-3 是氦元素的一种同位素，氦在地球上十分稀有，且地球的氦多以氦-4 形式存在，而氦-3 的含量仅仅是氦-4 的百万分之一，是稀有中的极度稀有。月球表面的氦-3 来自太阳的热核反应，但与地球不同的是，月球表面并不像地球那样有大气层和地磁场的存在，因此无法屏蔽来自太阳中的大部分物质。氦-3 沉积在月球表面的钛铁矿中，这种矿物在月壤成分中占比约 10%，初步估计月球上的氦-3 总储量在数万吨到上百万吨。

氦-3 可以作为核聚变材料，在释放大量能量的同时，与其他核聚变相比，释放的放射线比较少，算是较为"纯净"的核聚变反应。如果将月球上的氦-3 全部用于核聚变，其产生的能量估计能够供人类使用上千年。但是由于目前人类科学技术、生产水平有限，如此利用氦-3 只是美好幻想。

"玉兔"历险记

嫦娥三号和嫦娥四号分别搭载了玉兔号和玉兔二号月球车，两辆月球车在任务完成过程中都展现出了优秀能力。2016 年 7 月，玉兔号月球车超额完成任务，停止工作。玉兔号预期服役 3 个月，超长服役两年之多。而玉兔二号已在月球出差超过 5 年，至今还在岗工作。这些时间直接明了地表现了中国制造月球车的高水平、高质量。

玉兔号作为我国首辆月球车，虽然经历了多次故障，但是借助机械手、全景相机、测月雷达等仪器高精度地完成了月壤探测、巡视探测任务。其所探测到的地质资料和相关科研成果发布在了世界顶级科学期刊《科学》上，这也是自中国探月工程实施以来，首次在国际顶级学术期刊上发表科学成果。

玉兔二号则是在平时看不到的月球背面进行工作，相关科研团队利用其携带的探月雷达，首次揭示了月球背面着陆区域地下40米深度内的地质分层结构，发现地下物质由低损耗的月壤物质和大小不同的大量石块组成。这一研究成果对于了解撞击过程对月表的改造、火山活动规模与历史等具有非常重要的意义。后来玉兔二号更是第一次在月球表面撞击坑内发现了原本不属于月球的特殊残留物。

截至2024年5月，玉兔二号月球车已经在月球背面工作了5年多，行驶距离超过了1 596米，工况正常。让我们期待玉兔二号为我们带来更惊喜的发现。

随着科学技术不断发展，人类重返月球的热潮兴起，新一代月球车也将出现。

玉兔二号月球车

从嫦娥一号升空，到嫦娥六号携月壤返回，中国人一步步将"上九天揽月"的神话变为现实。相信未来中国航天人会把自己的脚印留在月球表面，一颗颗探测器将承载着中国人的梦想奔向月球。

:::::: 链接

神奇的潮汐现象

潮汐是海水周期性涨落现象，因白天为朝，夜晚为夕，所以把白天出现的海水涨落称为"潮"，夜晚出现的海水涨落称为"汐"。引起海水涨落的引潮力，虽然起因是太阳和月球的引力，但又不是太阳和月球的绝对引力，而是被吸引海水所受到的引力和地心所受到的引力之差。

潮汐的变化影响着人们的生产生活。在我国沿海分布着许多海洋站，这些海洋站随时记录着当地潮汐的情况，并且将这些信息传送到国家海洋信息中心，根据这些信息进行分析、计算，制作出我国及世界各地主要港口潮汐时刻表，为航海、海上捕鱼、养殖、海洋工程等活动做好保障。

潮汐中还蕴藏着巨大能量，潮汐发电就是靠潮汐的落差来实现的，目前，我国建成了十多座潮汐电站。潮汐电站既不浪费能源，也不污染环境，创造了巨大效益。

6

智能时代与生活

6.1 AI——不再是冷冰冰的机器

6.2 VR——来一场身临其境的冒险

6.3 VAR——运动场上的视频助理裁判

6.1

AI——
不再是冷冰冰的机器

2017 年，在中国乌镇围棋峰会上，由谷歌公司研制的智能围棋机器人阿尔法围棋（AlphaGo）打败了世界围棋冠军柯洁。这场举世瞩目的人机围棋大战，机器人

围棋人机大战

居然完胜了人类，全球范围内也因此掀起了一波人工智能的浪潮！

当下，"人工智能"似乎已经成为最热的科技名词之一。那么，人们常常挂在嘴边的人工智能到底是什么呢？原来，人工智能的英文简写就是 AI，通俗点说，就是生产出一种可以拥有类似于人类智慧思维的机器，它本质上是一项高尖端的科学技术。事实上，人工智能的应用范围非常广，我们日常生活中的常见的人脸识别、语言识别、家政机器人、智能导航、自动驾驶技术等等都大量应用了人工智能技术。

什么是人工智能

　　人工智能技术的原理其实并不复杂，它主要是利用计算机来模拟人类的思维，这些拥有"人类思维"的计算机便可以控制机器，实现智能化，给我们的生活带来极大的便利。简单点说，就是将计算机改造成一个智能的"机器大脑"。在此过程中，科学家们不断创造革新计算机的程序和相关的智能算法，让计算机能够像人类一样"思考"和"学习"，并且做出决策。安装有这样"智能大脑"的机器设备，便会帮助人类高效完成各种高难度的工作。

人脸识别的原理

　　以人脸识别技术为例，计算机首先需要通过摄像头采集各个不同人脸的相关数据，并将这些人脸数据存入自己的数据库中。在实际的人脸识别过程中，通过比对被识别者的人脸图像和数据库中若干的人脸数据，便可快速识别出身份信息。值得一提的是，识别过程中的人脸比对是相当复杂的过程，因为不同人的面部特征差异是极其微小的，这需要利用大量的人工智能算法。计算机会将人脸的图像信息转化成数字信息，经过一系列复杂的数学运算和对比，最终才能从千万人中准确判断身份。

人脸识别

手机人脸识别

随着人工智能的快速发展，人脸识别技术也越来越先进，人们甚至可以戴着口罩完成准确的识别，大大提高了安全性与效率。

AI 的广泛应用

人工智能应用在生活的方方面面

　　如今的 AI，已不再是冷冰冰的机器，它已然成为我们生活中重要的一部分，成为人类的伙伴。在交通出行方面，人工智能自动驾驶技术可以辅助驾驶，甚至可以对潜在的交通危险提前做出更为快速准确的反应，为我们的出行保驾护航；车载的语音助手，可以大大简化驾驶操作，让旅途充满乐趣。在医疗方面，人工智能技术更是相当于一名经验丰富的医生，它可以通过分析患者的检查报告和症状进行初步的诊断甚至治疗，极大提高了医疗的效率；搭载有人工智能技术的手术机器人，让医生可以在千里之外控制机器人进行手术，它搭载的智能算法，可以消除医生手术过程中肢体抖动造成的失误操作。在生活方面，搭载 AI 技术的家政机器人、防盗系统、新风系统等，给我们的生活带来了前所未有的便利。此外，以 AI 技术为支撑的智慧养老、智慧建筑、智慧教育、智慧社区、智慧能源等等也渐渐融入了我们的生活，各种科技协同运作、互联互通，共筑起一个"智慧"的城市。

值得一提的是，人工智能技术的突破使聊天生成预测训练转换器（ChatGPT）也成了 2023 年的热门话题之一。ChatGPT 是一款人工智能的聊天软件，它的用户数量仅仅在一周的时间就超过了百万，不到两个月时间就达到了 1 亿。ChatGPT 不同于传统的人工智能技术，它似乎是在试图"懂"我们，通过与用户的持续互动交流，ChatGPT 可以不断加深对用户的理解，从而创造出我们需要的东西。与此同时，ChatGPT 也成了未来人工智能的发展趋势之一，国内外的很多企业如阿里、腾讯、网易等也都着手研发类似的人工智能技术。AI 不仅仅是我们生活的得力助手，在提高我们工作效率的同时也为我们带来了欢乐。

AI 会不会控制人类

人工智能技术越来越先进，不再是机械式的程序，可以作诗绘画，研究人员也在尽可能地使他们变得有情感，但是会不会像电影里出现的一样，机器人反过来控制人类呢？事实上，这个问题目前还没有确切的答案。机器人控制人类的关键在于其拥有像人类一样自主的思维和学习能力，能够有自己的想法且不受控制。然而，目前的人工智能机器人，都是由计算机程序控制的，即使是像打败世界冠军的围棋机器人那样搭载了最先进的 AI 算法，它们也只是在某一方面超过了人类，至于说拥有完全独立的思维，还相距甚远。此外，人类目前制造的 AI 机器人，都是为了服务于人类，科学家们也会有目的性地去防止机器人拥有超前的思维和不可控制的自主学习能力。因此，从目前的 AI 技术来看，机器人完全控制人类可谓是不太可能的。

然而，随着科技的高速发展，一切皆有可能。我们需要做的，就是在大力发展 AI 技术的同时，限制它们的某些能力，让机器人不那么"聪明"，让他们成为人类的得力帮手而不是"敌人"。只有合理发展、利用 AI 技术，人类与机器人才能和谐相处，人工智能才能让我们的生活变得更加温暖而幸福！

::::::链接

AI 语音识别

语音识别技术是指将人的语言中的内容转化为计算机可读的输入。随着人工智能技术的发展，在AI技术的加持下，语音识别的技术也越来越先进。语音识别的原理可简单分为以下几个步骤：第一步是进行人类语音的采集和预处理，预处理的过程包括对语音信息的噪声处理和语音增强等等；第二步是将预处理后的语音信号进行特征提取并与语音模型库中的已知语音信息进行比对，此处就需要用到相关的 AI算法来优化识别的结果；最后一步便是得出相应的识别结果，从而进一步被利用。语音识别技术的应用范围很广，各种语音输入法、智能家居等等都包含了该项技术。

6.2

VR——
来一场身临其境的冒险

仅仅一副 VR 眼镜，便可让我们足不出户，来一场身临其境的大冒险。VR 旅游、VR 看房、VR 云办公、VR 学习、VR 游戏……自 20 世纪以来，VR 取得了巨大进步，再配合上其他相关的技术和体验设备，已成为我们生活中必不可少的科技产品。可是，你真的了解 VR 技术吗？

VR 与 3D、4D 电影的区别

VR 全称为虚拟现实，是一项融合了计算机科学、人工智能、光学等等的综合技术，它是通过"欺骗"人类的大脑和感知系统，来让我们拥有身临其境的体验。在了解 VR 的原理之前，我们不妨先来了解一下 3D 和 4D 电

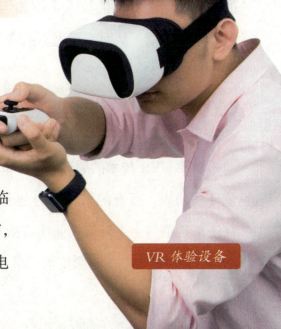

VR 体验设备

观看 3D 电影

影技术。3D 电影是由两台放映机将电影画面以极小的偏差，一左一右投射在大屏幕上。我们戴上 3D 眼镜后，由于镜片的特殊光学性质，左右眼只能分别看见左右放映机投射的画面，而这两个画面是由拍摄现场处于左右不同位置的摄像机拍摄的，这就相当于人的左右眼。如此一来，我们便可以看见栩栩如生的立体画面。4D 电影便是在 3D 电影的基础上，用其他的技术手段如烟雾、喷淋、振动、闪光等等来模拟电影中的环境，从而实现逼真的观影效果。

VR 的原理和技术

然而，VR 技术的原理与 3D 和 4D 电影都截然不同。当戴上 VR 眼镜环顾四周，所有的景物都会随着我们视角的变化而变化，好似我们真正来到了另一个环境。而实现效果极佳的 VR，需要多项关键技术的结合。第一便是 3D 图像技术，事实上，我们的左右眼各自看到的画面是不一样的，正是因为有这样的差异，我们才会感受到景物距离的远近，从而看到"立体"的画面。根据这种视觉差异，VR 设备会给我们双眼分别播放不同的画面，让人们的左右眼拥有观察真实景物的视觉，从而让我们看到立体的画面。

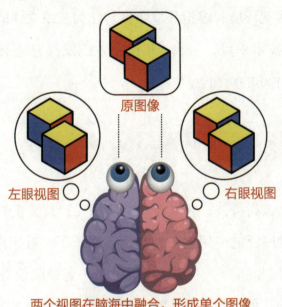

两个视图在脑海中融合，形成单个图像

双眼视觉差异

除了立体的表现外，一个成熟的 VR 设备还需要有头部追踪系统和眼球追踪技术。头部追踪系统可以检测到我们头部的运动，从而渲染出相应的画面。例如，当我们向右侧扭头观察时，设备能够识别这一动作，从而渲染出右侧的场景，让我们有身临其境的感觉。此外，眼球追踪技术可以实时追踪我们眼球的运动信息，利用先进的算法，根据我们眼球注视的景物情况来变换图像的景深信息。通俗来说，就是当我们注视远方时，近处的景物会变得模糊；相反，当紧盯近处景物时，视角中远处的景物也会不清晰。正是这样的变化，才更让我们拥有观察实际景物的感受，这与 3D 电影的观影感觉是完全不同的。

可是要实现完美的虚拟现实画面，以上的技术还远远不够。事实上，虚拟现实技术的核心是动态建模技术，主要是针对现实环境或项目模拟进行计算机模拟实现，其最终目的就是借助计算机强大的数据处理能力，将真实客观环境和虚拟环境数据转化为三维立体的虚拟性环境。综合以上种种技术手段，一台 VR 设备才能发挥它应有的功效，为我们带来一幅幅生动的画面。

VR 的应用

VR 既然这么高科技，它又有哪些应用呢？其实正如大多数人所想的那样，VR 最广泛的应用之一便是影音娱乐了。近年来，以 VR 技术为载体的游戏层出不穷，一副 VR 眼镜、一套穿戴设备或是一台专业的 4D 游戏座椅，便可以将我们带入游戏中的世界。VR 游戏能大大还原游戏中的真实场景，一草一木、一山一景都极度逼真，其带来的体验感，远远超过了对着电脑屏幕打游戏。此外，VR 技术渲染出的场景感，让我们能够实现"在家就能看大片"。VR 眼镜自带专业的立体声设备，让人们足不出户就能体验到影院的震撼效果。

但你如果认为 VR 技术仅仅是用来娱乐的，那就大错特错了。事实上，影音娱乐只是虚拟现实技术应用的冰山一角。我们不妨先从学习教育开始谈起，如今的虚拟现实技术为新型教育模式提供了可能。借助 VR 强大的场景渲染力和 3D 效果，教师可以利用其打造更为形象逼真的学习环境；VR 模型也可以帮助学生们快速理解繁杂难懂的数学和物理知识，课堂不再枯燥乏味，教学效果也随之大大提升。在生活方面，VR 让我们在家就可以看房、看车、购物……除了省去了出行的不便，VR 带来的场景体验让人们可以更加直观地了解到商品的更多细节，这是任何平面广告图和视频所不能比的。在医疗方面，VR 可以精细构建出人体的组织模型，医生和医学生可以提前利用相关设备进行医学操作演练，这不仅极大促进了医学教学的发展，更提高了临床手术的成功率。

VR 在线看房

如今，VR 仍然在高速发展着，它的应用为更多的领域带来了福音。与此同时，以 VR 为技术支持的"元宇宙"也成了当下最热的话题之一。让我们一起为 VR 点赞，为科学点赞！

██████ 链接

XR 技术开辟新世界

VR技术其实仅是目前正在发展的XR（扩展现实）技术的一部分。XR技术的出现旨在为人们提供身临其境地感受虚拟世界的机会，它是指通过计算机将真实与虚拟相结合，打造一个可人机交互的虚拟环境，它是包括了AR（增强现实）、VR（虚拟现实）、MR（混合现实）等多种技术的统称。

如果说VR技术是纯粹构建一个新的数字世界，那么AR技术则是一种将真实世界和虚拟世界"无缝"衔接的技术，就如同科幻电影中的智能眼镜，在我们眼睛看着外面的时候还能同时看见眼睛上弹出的一个一个数据框，及时地告知我们视野之外的各种信息。MR技术则是虚拟现实技术的又一个深入发展的结果，它通过在虚拟环境中引入现实场景信息，在虚拟世界、现实世界和用户之间搭起一个交互反馈信息的桥梁，从而增强用户体验的真实感。MR技术的关键点就是与现实世界进行交互和信息的及时获取，也因此它的实现需要在一个能与现实世界各事物交互的环境中。简单来说MR技术就是AR技术的升级版，在成熟的MR技术中，用户难以分辨出真实世界与虚拟世界的边界。

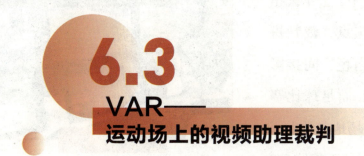

6.3
VAR——
运动场上的视频助理裁判

现场视频回放

2018 年，在法国对澳大利亚的那场世界杯足球赛中，法国队的安托万·格列兹曼带球突入禁区被放倒，但是主裁判没有及时作出回应，最终在视频助理裁判的提示下，通过视频回放确认，暂停比赛，改判！点球！这是第一次在世界级的比赛中应用视频裁判，对比赛场面产生了巨大的影响。

这样一个历史性的时刻，让"视频助理裁判（VAR）"凸显在人们的视野中。那么，什么是 VAR 呢？VAR 的职责又有哪些呢？让我们共同走进 VAR 的世界一探究竟。

什么是 VAR

VAR 是足球中的专用术语，中文意思为视频助理裁判，通俗来讲，就是专门通过观看比赛视频回放来判断是否犯规的裁判。众所周知，在竞技体育比赛中，公平公正一直都是关注焦点，裁判扮演着很重要的角色，间接影响着比赛结果。而足球比赛更是特殊，它的场地非常大，裁判要跟着运动员不停跑动，

回放室

同时还要时刻注意他们的身体动作来判断是否犯规。但人的肉眼的观察范围有限，并且还存在一定的主观意识，这时候，VAR 就发挥了巨大的作用。具体来说，就是通过场上的多个机位录制下来的视频回放，来协助主裁判提高判罚的准确性，使比赛结果更加公平、更令人信服。

　　这项工作听起来似乎很简单，好像只是单纯地回看视频，但其实并不是这么容易！一般来说，视频裁判团队包含三个部分的成员：总负责人（VAR）、助理团（AVAR）以及回放专员（RO），他们各司其职，共同完成视频裁判的各项任务。在一场比赛中，会设置多角度、多方

位的摄像机来保证无死角录像，所以回放专员需要有敏锐的观察能力，在最快的时间里从十几个画面中调取比赛所需的机位，并且选取最有代表性的视频传给助理团，最终交给总负责人。由此可见，回放专员需要经过一定的专业培训。而总负责人和助理团要通过视频内容，快速给出判断结果，来辅助比赛总裁判做出判决。同时，在整场比赛中，助理团的成员也会预选机位来实时观察，时刻为回放视频做准备，总负责人（VAR）也时刻将注意力保持在主机位上。由此可见，视频裁判团队的各个成员都缺一不可，他们的工作职责密不可分。同时，他们每个人都需要保持相同的工作频率，实时跟进比赛。

VAR 的器材设备

大家一定很好奇具体有哪些设备器材辅佐着 VAR 的工作吧，让我们一起走近了解。

毋庸置疑，高精度的摄像设备是不可或缺的，它需要保证以最大的清晰度拍下快速跑动中的运动员的肢体动作，而室内室外的比赛场地不同，比赛的主办方也会选择适应不同环境光度的摄像机。其次，VAR 信息系统也是一个重要组成部分，它主要通过一台触屏平板电脑发送信息来完成视频裁判室与外界的信息交流。相关的工作人员会将录像回看的原因及结果通过互联网转播给媒体和现场观众。同时，此电脑也可以直接访问视频室内 VAR 团队所观看的机位。

VAR 的发展历程及应用

任何新鲜事物的出现及发展都离不开现实的推敲，VAR 也毫不例外。在 2016 年，国际足球协会理事会（IFAB）开始尝试性地应用 VAR 系统，在比赛中验证其优缺点，反复权衡利弊，判断其是否适合应用于比赛中。2018 年，国际足联最终确定将 VAR 应用在世界杯中，也就是这一年，VAR 见证了本文开头所说的历史性一刻。而在 2022 年的 2 月，我国也通过一套完整的 VAR 系统完成了冬奥会的各项赛事转播及技术保障工作。

那 VAR 具体又是怎么被应用的呢？首先，对于进球来说，VAR 可以有效减少裁判出现明显的判断遗漏而导致进球有效的情况，尤其是进球前遗漏越位判罚。其次是点球与红牌，对于此项判罚，主裁判会通过语音联络场外 VAR，得到确切信息之后再吹哨判决，当场内外出现不一样意见时，优先采取主裁判的决定。但对于红牌来说，只有直接触犯时，才可以启动 VAR，其余的一些普通犯规一般直接听从主裁判。

比赛效果与准确判罚的平衡

喜欢看体育赛事的伙伴一定都知道，录像回看不仅会占据一定的比赛时间，还会对运动员的心态造成一定影响。我们不可否认，视频裁判可以很大程度上减少误判的可能性，也能大大提高比赛结果的准确性，但是足球比赛的节奏是激烈快速的，运动员的竞技状态也是有一定的时间范围的，如果反复使用VAR来回看视频，消耗过多的时间，运动员的情绪和比赛的流畅性都会被影响。所以，在正常的比赛中，VAR通常有这样一个原则：干预最小化，利益最大化。不仅如此，国际足联也明文规定，只有涉及进球、点球判罚、（直接）红牌判罚、球员身份辨认错误这四种情况时，VAR才能介入使用。当然，从比赛的总体上来讲，VAR只能起到辅助的作用，它不能从根本上决定比赛判决结果，主裁判对于视频裁判的建议与要求有自主选择的权利，最终的决定权也归于主裁判。任何事情都无法做到完美，足球比赛中的一些缺憾也是常有之事，但这也是竞技赛事中的一种美！

VAR应该成为体育赛事中添砖加瓦的一项技术。作为以公平公正为支撑的体育比赛，我们也要充分合理地利用现代科技技术，通过这些高清录像设备提高比赛的公正性。但同时，我们也不能一味地苛求准确性，应当保证其竞技精神的核心——拼搏与激情。

让我们一起带着信心，相信VAR会发展得越来越好，时间也会向我们证明，VAR是否真正有利于体育赛事的未来。

:::::: 链接

智能设备走入赛场

在科技日益进步的今天，走入赛场的智能设备可不止VAR智能裁判辅助系统哦。在2022年卡塔尔世界杯期间，"半自动越位识别系统"隆重登场，目前它已经在足坛经受了一定的实战检验。自从在卡塔尔世界杯成功亮相，这项技术逐渐为各个足球赛事所引入，比如著名的欧洲超级杯和欧洲冠军联赛。

　　半自动越位识别系统主要由特制摄像机、球内传感器和人工智能系统三部分组成。每座球场顶部都会设置12台特制摄像机，对场上的足球和每名球员进行追踪，以每秒50次的频率发送数据，能够精准确定每名球员的位置。卡塔尔世界杯指定用球内置传感器，以每秒500次的频率发送数据，用于更准确地判断传球点。特制摄像机和球内传感器收集的数据信息将由人工智能系统进行分析，只需要几秒钟就能对越位情况作出判断。一旦检测到越位发生，半自动越位识别系统将自动向视频助理裁判发出警报，协助其进行判断，随后由视频助理裁判视情况与场上主裁判沟通。主裁判判罚完成后，半自动越位识别系统会生成3D动画图像，在场内大屏幕以及电视机上播放，来更直观地展示球员越位的具体位置。

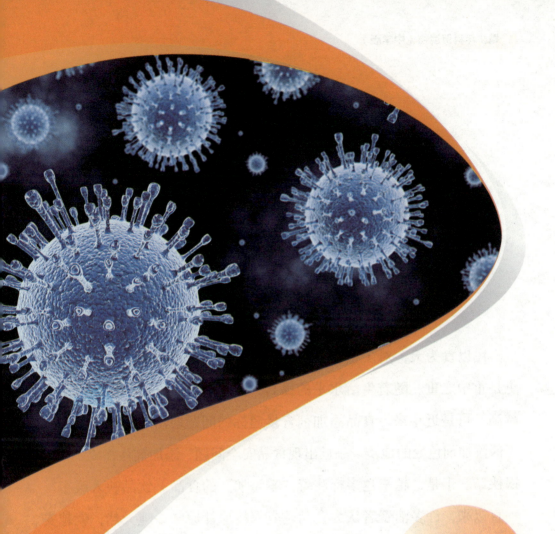

拥抱健康生活

7.1 "零添加"是否更健康

7.2 病毒与超级细菌

7.1

"零添加"是否更健康

民以食为天，对于正在长身体的同学们来说，食品的安全与健康更是重中之重。随着生活水平的提高，消费者对"吃"的标准也越来越高。可是近年来，食品添加剂含量超标的问题层出不穷，很多人到了谈添加剂色变的地步。一旦出现食品安全问题，添加剂往往成了"背锅侠"。于是，越来越多标注着"零添加"的食品、饮品映入眼帘。一直以来，许多消费者认为食品越是保持原汁原味、纯天然，就越安全健康。因此，越来越多的商家热衷于宣传"零添加"，大力推广自家"原汁原味"的食品。很多不良食品企业也以"零添加"为卖点，大肆提高产品售价。

然而，"零添加"真的更健康吗？那些被污名化的食品添加剂真的一无是处吗？"无糖""无油""0脂""0卡"的真相到底是什么呢？让我们一起来一探究竟吧！

食品添加剂——"现代食品工业的灵魂"

何为食品添加剂？顾名思义，是指为了改善食品品质、色香味以及防腐和加工工艺需要而加入的人工合成或天然物质。事实上，食品添加剂是五花八门的，它们的种类有很多，作用也各不相同，通常用于改善食品品质和色、香、味，以及满足防腐和加工工艺的需要。细心的同学们应该会发现，在各类食品的包装袋上，都标有"配料表"，里面有着各种各样的生僻化学词汇，它们很多都属于食品添加剂。下面我们就来细细了解一下吧。

最常见的食品添加剂应该就是防腐剂了，它是用来防止食品腐败的。我们都知道，大部分食品如果在自然条件下放置一段时间就会变质，这是由于食品中的微生物如细菌等在不断繁殖，而防腐剂可以抑制微生物的繁殖，从而延长食品的保质期。食品包装袋配料表上常见的苯甲酸钠、山梨酸钾等等都属于防腐剂。食品添加剂中还有一类我们称之为着色剂，是专门用来改变食品的颜色，使其更容易让我们产生食欲。例如在一些果汁饮料中适当加入着色剂，可以让原本颜色暗淡的果汁变得更为鲜艳。胭脂红、柠檬黄等等都属于着色剂。常见的食品添加剂还有制作面包、馒头等用的膨松剂，它可以在加工过程中产生二氧化碳，从而让食品具有疏松多孔的结构，这样吃起来便会觉得蓬松，大大提升了口感。其实，添加剂的种类还远不止这些，有增强甜味的甜味剂，有用来添加营养成分的营养强化剂，还有用来使食品具有各种风味的香料等等。正是因为在食品中添加了这些食品添加剂，食物才变得色香味俱全。

食品添加剂在生活中处处可见

有专家表示："食品添加剂是食品工业中研发最活跃、发展和提高最快的部分之一。食品添加剂是现代食品工业发展的产物，没有食品添加剂就没有现代食品工业，因此食品添加剂也被誉为'现代食品工业的灵魂'。"

食品添加剂 ≠ 违法添加物

的确，食品添加剂让我们的食品变得更加美味，更易保存。然而，健康问题依旧是我们最关心的——这么多种添加剂会不会对我们的身体造成危害呢？是不是所谓"零添加"的食物就更健康呢？

　　说到"零添加"，也许有的同学会想，是不是平时自己在家炒菜做饭就能远离食品添加剂，做到"零添加"了呢？答案其实是否定的。我们炒菜做饭使用的各种调料也不乏添加剂的身影，比如酱油含有焦糖色、山梨酸钾、苯甲酸钠等食品添加剂。此外，食盐中加入的抗结剂、食用油中加入的抗氧化剂等等都是食品添加剂。这就是为什么如今食用油放久了也没有怪味、食盐在夏天也不容易结块的原因。

　　那么回到我们刚才的问题，各种各样的添加剂会不会对我们的身体造成危害呢？其实，国家对于食品添加剂的使用范围和剂量有着严格、详细的标准，允许使用的食品添加剂都经过了科学、严格的安全性测试和评估，并有相关法律来规范生产商的行为。只要使用量达标，就不会对人体产生危害，而且有时候适量的食品添加剂，可以减少和消除食品制作过程中产生的有害物质。比如在腌制食物时，适量添加抗坏血酸，也就是我们俗称的维生素 C，可以有效降低致癌物质亚硝

食品安全监管

酸盐的含量。再比如很多人爱吃的风干腌制肉类、发酵类食物、豆制品，在制作过程中，它们容易产生能释放剧毒物质的肉毒杆菌，只要极少量就能使人神经麻痹，进而引起呼吸衰竭，甚至造成死亡。因而这类食品在生产过程中，有专业技术人员负责控制添加剂的用法和用量，以减少有害物质的产生。在生产过程中和进入市场前，相关部门还会根据国家标准，对产品进行严格的质量检测，所以添加剂的含量问题我们大可放心。

然而，有些不良商家，不遵守法律规定，擅自将违法添加品当作食品添加剂使用：众所周知的三聚氰胺"毒奶粉"、动物饲料中添加"瘦肉精"、红心鸭蛋等食品中发现"苏丹红"等等事件中，商家都是被利益所诱惑，从而走上了犯罪的道路。国家对于使用违法添加物一直以来都是零容忍，不良商家们也都受到了应得的惩罚。

如今，超市内打着"零添加"牌号的食品比比皆是，而专家表示："写了'零添加'也不意味着更健康、更安全。"即使真的没有添加剂，比如食品中少了防腐剂，那么食品将更容易发生腐坏，从而也会给人们的健康带来风险。有些一次不能吃完的食物，如果其本身的成分不能够抑制微生物的生长，则保证其安全的必要措施便是添加防腐剂。因此，我们要试着改变固有观念，"零添加"不一定就是最好的。

"无糖""无油""0脂""0卡"的真相

值得一提的是，我们常说的"无糖""无油""0脂""0卡"也并非其字面意思。真正严格意义上能够被称为"零糖零卡零脂肪"的饮料，只有白开水了。"无糖"大都指的是不含蔗糖，但可以用其他甜味物质如木糖醇来代替，而根据食品安全国家标准规定，在食品中含有的糖分低于某个值时，便可以认为是无糖。因此，"无糖"食品并非完全不含糖分。即使不含蔗糖，如果食品本身含有淀粉，也会造成血糖升高，糖尿病或高血糖患者更要仔细分辨。此外，所谓的"0脂"食品，就算不含脂肪，其中也可能含有大量的碳水化合物，这样的食品被人体吸收后，仍然会转化为脂肪。事实上，卡路里（能量）、糖、脂肪等都是维持人体机能重要的一部分，对于健康生活来说，适量的

盐　　　　　　< 5 克
油　　　　　　25~30 克

奶及奶制品 300~500 克
大豆及坚果类 25~35 克

动物性食物 120~200 克
——每周至少 2 次水产品
——每天一个鸡蛋

蔬菜类　　　300~500 克
水果类　　　200~350 克

谷类　　　　200~300 克
——全谷物和杂豆 50~150 克
薯类　　　　50~100 克

水　　1 500~1 700 毫升

每天活动 6 000 步

中国居民平衡膳食宝塔（2022）

摄入是极其重要的，一味地为了减肥而追求"零糖零卡零脂肪"，不仅起不到良好的减肥效果，反而会影响我们的健康。

链接

糖类大家族

白砂糖，作为我们日常生活中常见的糖，属于蔗糖的一种，也是我们通常意义上所指的"糖"。而糖类大家族可远不止蔗糖这一种。由于糖类均由碳、氢、氧元素构成，在化学式的表现上类似于"碳"与"水"的组合，故糖类又被称之为我们常说的"碳水化合物"。

糖类在生命活动过程中起着重要的作用，是一切生命体维持生命活动所需能量的主要来源。淀粉和纤维素就是植物中普遍存在的糖类，是植物体内养分的库存，大多数的粮食作物如大米、小麦、玉米、高粱等都含有丰富的淀粉。此外，水果中富含果糖和葡萄糖，我们每个人DNA的重要组成部分也是一种叫作脱氧核糖的糖类……可见糖类广泛存在于我们的生活中。

7.2
病毒与超级细菌

　　在微观的生物世界中，除了病毒，还有一种"坏蛋"，我们平日里的感冒发热大多也都是它们在兴风作浪，那就是"细菌"。我们平常生活中接触的东西很多就带有病毒和细菌。病毒和细菌可谓是狼狈为奸，它们会潜伏在空气、水、物体和人体中，只是在某个合适的温度湿度环境里才会爆发出来，使我们的机体免疫力受到损害。

显微镜下手上的细菌和病毒

病毒和细菌有什么不同

其实，大多数细菌是无害的，我们的皮肤和肠道布满了细菌，它们组成了我们的微生物群，皮肤上的微生物有助于清除污垢和死皮细胞，肠道内的细菌有助于消化食物。而有些细菌则对人体有害，相较之下，大多数的病毒都会致病。虽然它们都是可能引起人体感染的病原微生物，但根本就不是一家人，它们的"身体结构"和特点截然不同。

病毒

细菌

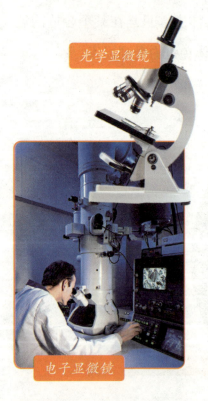

光学显微镜

电子显微镜

首先，在形态方面，虽然病毒和细菌都小到肉眼无法观察，但是细菌的直径一般为 0.2 ~ 5 微米，可以通过普通的光学显微镜观察到；而病毒的大小则是以纳米来衡量的，我们需要借助放大倍数超过万倍的电子显微镜才能揭开它的面纱。其次，细菌的外部形态大多为球状、杆状、螺旋状，并且也因此命名为球菌、杆菌以及螺旋菌。而病毒为多面体结构，为了能达到最佳的稳定结构，以及最佳的比表面积，病毒多为十二面体。

再者，病毒和细菌的结构是不一样的。我们知道细胞是生物体结构和功能的基本单位，一个完整的细胞一般具有细胞核、细胞质和细胞膜三大基本结构，它们各自发挥着不同的作用。细菌属于单细胞的原核生物，它全部的生命活动都在一个细胞内完成。而病毒的结构则简单许多，主要由称为衣壳的蛋白质和核酸构成。虽然衣壳里有病毒的遗传物质，但是它缺乏一个真正的细胞结构，比如细胞壁、细胞质、细胞膜、细胞器等等。换句话说，如果你通过显微镜看到了细胞，那么你观察到的就是细菌而不是病毒。

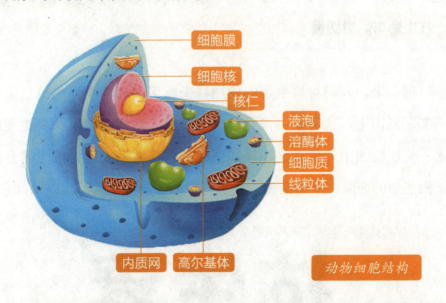

细胞膜 · 细胞核 · 核仁 · 液泡 · 溶酶体 · 细胞质 · 线粒体 · 内质网 · 高尔基体

动物细胞结构

在有足够营养物质和适宜环境条件下，细菌可以独立完成代谢活动，大部分以二分裂的方式进行繁殖，即细胞体积不断增大，直至分裂成两半，产生两个完全相同的子细胞。而病毒由于是非细胞的，只能利用宿主细胞内的代谢工具来完成自身的拷贝。这也就是为什么制作疫苗需要利用细胞来培养病毒了。

还有一点很重要，细菌和病毒的耐药性是不一样的。所谓耐药性就是能够抵御药物的能力。对于细菌来说，它对抗生素药物的抵抗力很弱，因此，如果是细菌感染导致的生病，我们往往只需要用抗生素类药物来治疗就可以取得良好的效果。抗生素其实是一类药物的统称，我们生活中常常听到的青霉素、红霉素、头孢、阿莫西林等等都是抗生素类药物。但是用抗生素几乎无法杀死病毒，因为病毒对抗生素的抵御能力很强，所以对于病毒感染的疾病，我们需要专门使用针对病毒的药物。

抗生素与超级细菌

近年来，人们对抗生素的使用越来越多，药性更强的抗生素也被不断研制出来。这听上去像是件好事，但人们却迎来了一个更大的敌人——超级细菌。什么是超级细菌呢？它其实是一类对抗生素有强大抵御能力的细菌，换句话说，就是药性再强的抗生素都难以杀死它。

抗生素

那么超级细菌是怎么产生的呢？其实很多耐药基因在自然界中本身就存在，它是微生物逐渐进化出来保护自己不被自然界本身就存在的抗微生物物质杀死的本领。因为抗生素的滥用，让抗菌药物和细菌耐药性之间的平衡状态被打破。这就跟久经沙场的军队战斗力往往更强的道理相似。抗生素的每一次使用，对细菌来说都是一场"战斗"，能在每轮"战斗"里活下来的"漏网之鱼"，都是细菌群体中抗药性较强的基因型。正是这一次次的抗生素使用，最终"锻炼"出了超级细菌。

数十年来细菌突变的情况超乎人类的想象，也使人们意识到，有一天，我们真的可能会陷入无药可用的绝望境地。

合理使用抗生素这把"双刃剑"

那么，如何预防超级细菌的产生呢？最重要的就是防止滥用抗生素。既往很多人对细菌耐药的危害性认识不足，滥用抗菌药物，感冒等病毒感染性疾病也普遍应用抗生素。医学研究表明，一个经常使用抗生素的患者体内细菌的耐药性远远超过了偶尔使用抗生素患者的。因此，减少对抗生素的使用，可以大大降低细菌的耐药性，如果哪天不得已需要使用抗生素，药性很小的抗生素就可以轻松对付侵扰我们的细菌了。

新药开发必然是个浩繁的工程。因此，控制抗生素的使用，应当是目前最实惠且最具操作性的举措。这需要全社会的行动，我们应该提高公众对细菌耐药危害的认知。只有在医生的指导下，合理使用抗生素这把"双刃剑"，才能在有效治疗细菌感染的同时，减少细菌耐药的发生，保障我们的健康。

░░░░░░链接

走近单细胞生物

单细胞生物结构虽然简单，却与人类有着密切的关系。单细胞生物广泛应用于生产生活中，例如：浮游生物可为鱼类提供饵料；酵母菌可用于发酵；草履虫可以吞食污水中的细菌，从而净化污水。但有些单细胞生物也有一定的危害，例如：疟原虫、痢疾内变形虫寄生在人体或者动物体内，危害健康；在一定条件下，如果海水中含氮、磷元素的营养物质过多，藻类和以这些藻类为食的单细胞动物会大量繁殖，形成赤潮；一些单细胞动物还会产生毒素，从而造成水质恶化，鱼、虾死亡，严重危害渔业生产。

8

谱写新疆赞歌

8.1　吾守尔·斯拉木——架起多语种信息处理技术的桥梁

8.2　陈学庚——坚守边疆六十载的农业机械英雄

8.3　贾承造——深钻勇探的"石油战士"

8.4　尹飞虎——扎根边疆五十载，创节水农业新风貌

8.5　邓铭江——用科技书写戈壁水利传奇

8.1

吾守尔·斯拉木——
架起多语种信息处理技术的桥梁

　　为了新疆的信息化事业发展，吾守尔·斯拉木从零开始，潜心研究多语种嵌入式操作系统及应用、多语种办公自动化应用系统，参与制定了我国少数民族文字信息处理工作的标准。吾守尔是新疆科技领域的巨星，他的成就和奉献架起了多语种信息处理技术的桥梁，为中国的科技事业增添了光彩。

心怀热忱，年少有志

　　1941 年，吾守尔·斯拉木出生在新疆伊犁的一户农民家中，这让他从小就有了与大自然亲密接触的机会。种地、割麦子、放牧……在新疆广袤无垠的田野上，辽阔碧绿的草地上，都留下了吾守尔的足迹。大自然的美丽与广袤令吾守尔沉醉，也让他对其中的一切都充满了好奇心。每到夜晚，他都会仰望星空，觉得它是如此深邃和神秘，想象着以后自己可以去探索它。吾守尔的父母虽然都是农民，但他们对子女的教育却极其重视。小学、中学，吾守尔成绩都名列前茅，18 岁那年，他以优异的成绩考上了新疆大学。出于对大自然的热爱和对诸多自然现象的好奇与崇敬，吾守尔选择了物理系。

新中国成立初期，原子弹、氢弹爆炸成功，人造卫星上天等让在校读书的吾守尔激动不已。当他以优异的成绩毕业后，怀着一颗报效祖国和传播知识的心，他来到了喀什师范专科学校（现喀什大学）担任教师。由于所学专业的原因，在任教期间他对电子产品产生了浓厚的兴趣。当时正是国家科技快速发展的黄金时期，无线电、扩音机等电子产品层出不穷，"半路出家"的吾守尔通过查资料、看文章，硬是钻研透了这些电子产品的制造和生产原理，于是渐渐地，他在当地也有了一些名气，成了上门修电器的"修理工"。

1981年，40岁的吾守尔被调到新疆大学任教。这一次调动不仅为他的职业生涯注入了新的活力，更为他打开了通往计算机领域的一扇大门。在新疆大学任教期间，吾守尔凭借着在无线电方面的知识积累，在学校里开设了数字电路和逻辑电路的课程。但由于这个领域太过冷门，课程内容太过深奥难懂，所以初期报名者寥寥，但吾守尔考虑到这些课程知识都是国家发展所需要的，因此并没有放弃。后来，在他的坚持和辛勤付出下，学习者渐渐多了起来。眼看着计算机越来越普及，为顺应时代发展和需要，新疆大学选派吾守尔去北京工业大学和上海交通大学进修学习计算机方面的课程。也正是在进修的过程

吾守尔·斯拉木工作照
（图片来源：新疆大学官网）

中，吾守尔产生了一个独特的想法：能否用我国少数民族语言实现计算机信息处理？当时，计算机操作系统的语言刚实现从英文到中文的转化，过程就已经堪称艰辛和曲折了，许多工作都是由国内顶尖专家完成的。在这种情况下，要实现计算机操作系统语言从中文到少数民族语言的跨越，困难程度可想而知。

从零开始，"冲云破雾"

在实验条件差、语言文字不通、缺少后备支持的情况下，吾守尔以惊人的勇气和魄力开始了关于将维吾尔文、哈萨克文、柯尔克孜文等我国少数民族语言文字用于计算机信息系统的技术研究。对吾守尔来说，实现少数民族计算机信息化，难点必然是文字处理系统，其难度不仅体现在转换技术上，更要过语言关。日夜通明的实验室见证了他的勤劳与汗水。当时，磁盘操作系统（DOS）独霸天下，吾守尔便和吴宗尧等人一起从它下手，经过长时间的努力，让只能处理中英文的计算机系统有了处理维吾尔文、哈萨克文、柯尔克孜文信息的功能。这也是计算机屏幕上第一次出现这些少数民族语言文字。

针对维吾尔文、哈萨克文、柯尔克孜文独有的特点，包括字符连笔、不等宽、右向输入，以及单一字符在词中呈现不同形

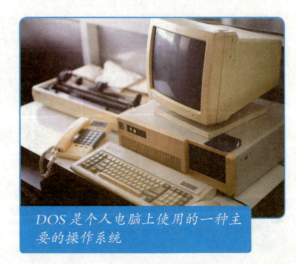

DOS 是个人电脑上使用的一种主要的操作系统

状等特征，吾守尔团队开发了一系列创新技术和机制，主要包括维吾尔文、哈萨克文、柯尔克孜文变宽字符选形插入链接、连笔字左右字符智能判断、智能组合连笔字和复合字，以及光标不等宽管理等特殊处理技术。这些技术不仅在本地区得到了成功应用，还在部分中亚国家得到了推广和应用。这些技术已经达到了国际先进水平，是国内首创的科技成果。

一生耕耘，享誉国际

吾守尔多次代表中国参加国际标准化组织会议，主持制定了多项国际、国家标准。

在国家重大专项的支持下，吾守尔团队开发的哈萨克文版、阿拉伯文版系统已销往哈萨克斯坦、土耳其、埃及等国家。吾守尔说，中西亚地区自身信息技术基础薄弱，发达国家对这些市场的重视程度又不够，在这种情况下，中国凭借技术优势，完全可以在这方面有更大的作为，让新疆成为我国面向中西亚的多语种软件出口基地。

作为新疆信息技术学科的领军人物，吾守尔注重学科建设与人才培养，他牵头组建了计算机应用博士授权点、计算机应用博士后流动站，以及多个硕士点；创办了新疆多语种信息技术重点实验室和新疆民文信息技术研发中心。他的多民族研发团队有50多名老师和90多名博士、硕士生，为学科的发展奠定了坚实的人才基础。

吾守尔·斯拉木的故事是我国少数民族科学家在信息时代不畏艰难、勇于突破、艰苦奋斗的缩影。吾守尔的坚持与创新，让新疆少数民族语言的信息技术水平获得了长足的发展，为中国多语种信息化事

吾守尔·斯拉木荣获中国计算机学会最高科学技术奖
（图片来源：新疆维吾尔自治区科学技术协会）

业的发展作出了突出贡献。吾守尔用自己的实际行动诠释了对梦想的追求，他的事迹将激励更多的青年投身科技创新事业，为中华民族的伟大复兴贡献力量。

链接

简　介

吾守尔·斯拉木（1941— ），多语种信息处理专家，新疆大学教授、博士生导师，2011年当选中国工程院院士。长期从事多语种信息处理、网络安全及通信等方面的研究和学科建设。研究出诸多多语种声图文信息处理一体化技术和方法，解决了许多技术难题，曾获国家科技进步奖3项、新疆维吾尔自治区科技进步奖等省部级以上奖励13项。

8.2

陈学庚——
坚守边疆六十载的农业机械英雄

在新疆有这样一个人，他靠着对农业机械研究的热爱，在新疆坚守数十载；他带领科研团队攻克了地膜植棉的关键性核心技术，研发了多项棉花生产机械化关键技术与装备；他为兵团农业生产建设提供了非常有利的技术支持，让中国农业机械科研事业迈向了新的征途。他就是农业机械设计制造专家——陈学庚。

守正创新，一生只做"农业机械"一件事

陈学庚曾说："我这一辈子，只专注做农业机械一件事。"这份坚守，让他在农业机械设计领域不断突破难题，最终成长为这方面的专家。

1947年，陈学庚出生于江苏省泰兴市，父母都是普通工人。从小，他的动手能力就特别强，这让他在耳濡目染下跟着父母学会了很多务农方法和简单的机械操作知识。1960年，政府派遣一批江苏工人前往新疆支援建设，其中就有陈学庚的父母。1964年，陈学庚在新疆读完初中，凭借对机械的热爱，他毅然选择了农业机械专业。上学期间，陈学庚表现十分出色，他总是能快速并精准地找到机械操作的关键，

而且还很擅长修理、制造农机工具。毕业后，陈学庚被分配到当时的农七师一三〇团机械厂工作。

据之前厂子里的工人回忆，陈学庚很善于发现问题，并能找到方法解决。在那个年代，工业化机械落后，车间的机械设备常有损坏，但只能按照计划供给指标修理，等待时间过长。为改变这种局面，勤奋好学的陈学庚大量阅读机械技术资料，谦虚地向老一辈经验丰富的技术工人求教。学有所成后，他便主动请缨帮工厂解决机械化加工设备供应短缺及机械设备修理难的问题。伴随机械突出问题的解决，他这个初出茅庐的小伙子在机械厂里逐渐崭露头角，被领导任命为技术革新组组长，开始带领团队进行机械制造，成功生产了磨缸机、水力测功机、缸套离心浇注机、大型顶车机等设备。这一时期的经历为后期陈学庚的科研道路奠定了基础，也是从这时起，他发现书本上的知识必须能运用到实践中才算是真正地体现了它们的价值。

攻坚克难，技术创新造福人民

以前，新疆棉花种植水平很低，地膜植棉是提高新疆棉花生产水平的关键技术，但人工作业效率低下，难以大面积推广。针对棉花种植中存在的瓶颈问题，新疆维吾尔自治区生产建设兵团（以下简称"兵团"）各师局迅速组建了十多个地膜机研制组，陈学庚团队就是其中之一。1982年，经过不懈的努力，陈学庚团队只花费了约两年的时间，就成功研制出了2BMS-6铺膜播种机。1983—1994年期间，陈学庚团队继续加大力度，根据不同区域的土壤气候条件和农艺要求，在铺膜播种机的基础上又研制出多种植棉机具，形成了系列产品，并进行了广泛推广，完成了从成果到产品、再到商品的转化过程。整体来说，铺膜播种机及其系列产品整体技术达到国际先进水平，在新疆地膜植棉中大面积应用，大大提高了新疆地膜植棉的机械化水平。

棉花生产的全过程机械化是一个复杂的技术体系，涵盖了土地耕种、品种培育、精密播种、模式化栽培与管理、机械采收、籽棉储运、清理加工、品质检测等复杂过程。兵团自 1997 年开始引进推广机械化体系，耗时 10 年才达到规模化应用状态。2013 年，兵团棉花生产全程机械化种植管理面积超过 90%，其中机械采收面积达到 580 万亩，占种植总面积的 65%。同年，陈学庚当选中国工程院院士。获得了中国科学技术领域的最高荣誉后，陈学庚更加不敢懈怠，在棉花生产全程机械化过程告一段落后，他转身又带领团队投入农田残膜污染的治理中，致力于农田残膜回收机具的研究。

2013—2015 年，新疆棉花全程机械化种植和管理面积达到 3 829 万亩，棉花机械采收面积达到 2 754 万亩，全程机械化体系初步建成。该项成果获得了 2016 年度"国家科技进步奖二等奖"，棉花生产全程机械化研究团队获得了 2017 年度"中华农业科技奖创新团队奖"。

立德树人，加强科研人才队伍建设

2018 年，陈学庚成为新疆石河子大学机械电气工程学院的一名研究员、博士生导师。陈学庚一直有个"石大梦"，他希望能在大学校园里把科学研究的方法和理念传授给年轻一代的学者。他表示，自己几十年一直奋斗在一线，虽然取得了很多成果，但始终希望能花时间

陈学庚在图书馆看书（图片来源：石河子大学）

深入研究理论性知识，补上这重要的一课，而石河子大学是综合性高校，学术氛围浓厚，在这里传授知识是一件正确且幸运的事。

陈学庚心怀大局，时刻关注着我国农业现代化发展的现状，尤其注重对农业科研人才的培养，他曾在石河子大学党代会上表示："独木不成林，个人的力量再强大也难以发展壮大，依靠少数人单打独斗的时代已经过去，只有组建一支强大的团队，大家拧成一股绳往前冲，才能取得成功。"可见，只有培育好新一代农业科技人才，才能持续推广和强化农业机械化，以达到尽快实现农业现代化的目的。2019 年，陈学庚先后培养高级科技人才 40 余名，建成了农业科技研发、成果转化、产业生产的一体化体系。"我有着丰富的生活、工作、专业经验。

我可以用我的阅历指导学校年轻老师的科研工作，用好石河子大学这个平台，更多地为兵团科学研究、高层次人才培养服务。"这段话透露出陈学庚对人才培养的关注和急迫的心情。

农业的转型和发展仍在紧张进行中，陈学庚及其带领的科研团队也还会继续披荆斩棘，向着农业科技的高峰进发。陈学庚，他不仅是农机领域的先锋，更是我们学习的榜样，他的科研精神散发着光辉，照亮着农业现代化前行的道路。

:::::: **链接**

简　介

陈学庚（1947—　　），农业机械设计制造专家，石河子大学机械电气工程学院研究员、博士生导师，2013年当选中国工程院院士。长期扎根边疆基层一线，从事农业机械研究推广工作，曾获"第六届中华农业英才奖""改革开放40年中国农业工程杰出贡献奖"。

8.3

贾承造——
深钻勇探的"石油战士"

在广阔神秘的塔里木盆地，出现了一个又一个科学奇迹，而这一切，都离不开"石油人"贾承造。"我始终都是一名科技工作者。"在一次采访中，贾承造掷地有声地说道。贾承造长期致力于塔里木盆地的地质科研与石油勘探工作，推动了石油科技和中国石油工业的发展。作为在企业中成长起来的科学家，贾承造始终把自己定义为科研人员，不求名利，只为走向更远的科学未来。

"始终奋斗在油气勘探和科学研究一线"

1948 年 3 月，贾承造出生于甘肃省兰州市。1987 年，贾承造从南京大学构造地质与地球物理专业博士毕业。之后他来到石油勘探开发科学研究院，想从这里开始，真正投身科学研究事业。"我想去一线搞研究！"他找到研究院院长，表达了自己的愿望。院长看着眼前这个有志气的青年，眼神里充满了赞许，于是派遣他去塔里木盆地。

塔里木盆地有着茫茫未知的沙漠、高低不平的戈壁，看起来暗藏危险。但这并没有吓倒贾承造，反而激起了他的探索欲和征服这里的

西气东输主力气源地——克拉2气田

决心。贾承造的方向决策能力极强，他很快就制定了钻研和勘探策略。但是，由于沙漠的自然条件太过恶劣，因此，在钻探的过程中，各种意想不到的问题接踵而来。

贾承造苦苦思索，他与著名的勘探家邱中建老先生促膝长谈，邱先生告诉他，必须掌握塔里木盆地地质性质，才能找出规律，然后因地制宜，减少问题的出现。于是，贾承造带领团队每天进行打井、地震、地质构造分析。然而，花费高额成本却只打出干井的情况持续出现。这让贾承造及其团队压力巨大，内部质疑声渐起，很多人怀疑塔里木盆地根本没有油田，但贾承造从大量的地质资料和实地考察中推测，塔里木盆地岩石布局中存在红砂岩，会产生油田。因此，贾承造力排众议，鼓励团队成员不要丧失信心，继续前行。

攻坚克难，创造油气勘探历史辉煌

起初，塔里木会战的目标是发现大油田，勘探思路以找油为主。但是在贾承造带领团队经历了一系列艰难曲折的勘探和地质研究之后，他们却发现塔里木盆地是个富气盆地，于是勘探的方向就由"找油"变为了"油气并举"。在寻油找气的过程中，贾承造和团队成员几乎天天过着风餐露宿的生活，沙漠的极端气候让队员们经常得病。除了身体上的病痛，精神上的折磨才更痛苦，挫败和质疑无时无刻不困扰

2016 年新疆煤层气学术研讨会上贾承造作报告
（图片来源：新疆维吾尔自治区科学技术协会）

着大家，但贾承造和团队成员都顶住压力坚持了下来。在经历重重困难后，终于，1998 年 1 月的一个夜晚，在办公室挑灯夜读的贾承造接到了一通电话，"东侧克拉 2 井发现天然气表显示"，这一刻，他知道，他们胜利了。工程团队打出了 300 米厚的气层，发现了克拉 2 气田。

贾承造他们这些年的地质勘探工作后来被归结起来统称为"塔里木盆地石油地质理论"。这套理论凝结着团队成员的辛劳和智慧，是一次又一次推翻重演、总结教训的结果，对塔里木盆地的地质基础研究，对推动油气勘探开发起到了很大的作用。

在对克拉 2 气田评价和储量计算中，贾承造组织领导运用地质建模，山地二维地震和 5 口探井钻井取芯录井测试，探明了克拉 2 气田，申报批准了 2 580 亿米³ 的天然气地质储量，这使得克拉 2 气田成为全国最大的优质高产气田。克拉 2 气田的发现获得了 2002 年国家科技进步奖一等奖。

2003 年，贾承造当选中国科学院院士。在中国石油天然气集团总部担任总地质师及副总裁期间，贾承造提出战略性方向调整，领导中国石油从之前的构造油气藏勘探转向开展岩性地层油气藏的勘探。这一勘探方向的转变，引发了大家对地质规律的重新认识，以及物探钻井等勘探技术设施的改变，如今国内勘探新发现的储量主体，70%以上都是岩性地层油气藏，这项成果在2006年获得了国家科技进步奖一等奖。

爱国奉献，肩负国家能源事业创新使命

贾承造认为，科学工作者应当要有精神内涵支撑。对于"石油科学家"来说，第一点，要有大庆精神和铁人精神，其核心就是爱国奉献，爱国是流淌在石油人血脉中的底色。第二点，要心存理想，不求名利，追求真理；要热爱科学，热爱石油科技，有把我国建设成世界油气科技强国的信心和决心。

从2008年起至今，贾承造一直着力进行"大型油气田及煤层气开发"国家科技重大专项研发工作，并担任了专项技术总负责人。他带领团队围绕国家战略布局，建立理论基础与机理突破、应用基础与技术创新、示范工程与先导试验，先后设立135个项目、22项示范工程。

通过组织专项科技攻关，我国油气勘探开发整体技术水平已经接近甚至达到国际先进水平，申请发明专利7 892项，已全面覆盖石油工业上游科技领域。此外，该专项的管理经验还被评选为第二十八届国家级企业管理现代化创新成果一等奖第一名，说明我国油气科技自主创新能力得到了大幅提升。

　　贾承造秉持着终身学习、终身进步的观念，计划持续进行"环青藏高原盆山体系"的研究开发工作，他认为那里具有良好的油气地质成藏条件，其内部的含油气盆地群是我国最大的天然气富集区，蕴藏着我国将近90%的天然气资源，有望成为世界级的大气区。此外，改造石油天然气地质学理论，也是贾承造的攻关方向，因为传统的含油气系统理论有重大缺陷，所以他致力于推动"全油气系统"理论建设。

　　贾承造院士一直以来给自己的定位是技术专家、科学家，"想通过自己的所学所思做点实事报国。"他始终坚信，守正笃实，才能行稳致远，在他的眼里，永远闪烁着憧憬未来的光芒。

:::::: **链接**

简　介

　　贾承造（1948— ），石油地质与构造地质学家，中国石油天然气股份有限公司教授级高级工程师，2003年当选中国科学院院士，2010年出任南京大学能源科学研究院院长，获国家科技进步奖一等奖2项、二等奖3项、三等奖1项，2019年获美国石油地质学家协会诺曼·H.福斯特杰出勘探家奖。

8.4

尹飞虎——
扎根边疆五十载，创节水农业新风貌

有这样一位科研工作者，他扎根新疆，艰苦奋斗五十载，完成了常人难以企及的科研成果——让"滴灌水肥一体化"技术在新疆大地生根开花，为我国节水农业、精准农业的发展作出了巨大贡献，开创了我国节水农业的新风貌。他就是中国工程院院士尹飞虎。

开启科学研究产业化应用之路

1954年，尹飞虎出生在湖南省平江县的一户农民家庭，从小在田

间地头长大的尹飞虎对土地有着深厚的眷恋之情。因为父亲在新疆工作，所以 18 岁的尹飞虎离开湖南来到了新疆，在石河子中央农业广播电视学校农学专业学习。

1974 年，中专毕业后，尹飞虎被分配到当时的新疆生产建设兵团农十师一八八团二连，成了一名水稻研究技术员。工作中，尹飞虎吃苦耐劳，善于发现问题，两年后他加入了兵团（原农垦总局）组织的水稻杂种优势利用协助组，迎来了他工作中的第一个重大课题。

尹飞虎一心扑在农业科研事业上，每天工作超过 14 个小时。在不到两年的时间里，他便尝到了成功的滋味。1978 年，尹飞虎所在的课题组所研究的"野败粳型杂交水稻三系配套"项目荣获"全国科技大会优秀科技成果奖"，这让尹飞虎第一次感受到了取得科研成果的喜悦。这个奖项不仅是对团队努力的认可，也是尹飞虎在农业科研领域迈出的关键一步。

1992 年，科技体制改革的呼声愈发高涨。时任新疆农垦科学院院

尹飞虎作学术报告（图片来源：国家耐盐碱水稻技术创新中心）

长的刘守仁将创办农业新技术推广服务中心的重担交给了尹飞虎，希望他能走出一条兴办实体经济的路子来。当时，尹飞虎正在带领团队研发新型肥料。接过重担后，尹飞虎彻底解放了思想，打开了思路。在经过调查研究后，尹飞虎将目光瞄准了磷酸二氢钾。磷酸二氢钾增产效果好，投入少、回报高，况且当时，新疆还没有生产磷酸二氢钾的工厂。尹飞虎向科学院借了 20 万元启动资金，和同事们利用废弃的露天电影院开启了艰难的创业之路。他与同事们将在废品收购站淘来的原材料进行焊接加工，建成简陋的厂房和生产线，这成为他们事业开始的第一步。

1993 年 3 月，肥料厂正式建成，7 月动工投产，当年便获利 5 万元。为了降低生产成本，尹飞虎在贵州建立了原料基地。低成本，高质量，高产出，让尹飞虎他们创办的肥料厂生意一年比一年好，这不仅填补了新疆磷酸二氢钾肥料的空白，还为社会创造了巨大的收益。而且，该项目也为后来尹飞虎团队开展滴灌水肥一体化技术的研发和推广奠定了原料基础。

一心钻研"滴灌肥"

新疆地区十分缺水，节水也就成了新疆建设的永恒的主题。尹飞虎一直在思索如何改变新疆干旱缺水的面貌。20 世纪 60 年代，以色列人创造了滴灌技术，建成了世界上第一个滴灌系统。1996 年，新疆引进以色列成套滴灌设备，将滴灌技术与地膜覆盖技术有机结合，创造了膜下滴灌技术，这是新疆灌溉史上的一次技术跨越。

用于农业领域的节水滴灌系统

滴灌技术的应用对滴灌随水施肥技术及滴灌专用肥品种提出了新的迫切需求。尹飞虎敏锐地捕捉到了这一点，从此便开始了滴灌专用肥的研究。不过要研发滴灌肥，首先需要解决肥料中磷元素的水溶性问题。为了摸清磷元素在土壤作物中的运移规律，尹飞虎不顾实验材料的强烈辐射性，穿着厚重的铅衣，冲在实验第一线，在试验田里一待就是大半天。

在尹飞虎的带领下，经过了3年的时间，项目组突破了磷的水溶性、有害离子去除、无氯钾制备、大量元素间的防拮抗等关键技术，研发出了以棉花为主体的滴灌专用肥和生产方法。尹飞虎及其团队用实验证明，滴灌肥中氮的当季利用率达到45% ~ 50%，与其他肥料相比，利用率提高了15 ~ 20个百分点；磷的当季利用率达到21% ~ 24%，提高了7 ~ 10个百分点。

此后，尹飞虎团队迎来了研发滴灌肥系列产品的大爆发。在原有研发的基础上，尹飞虎团队研发出了适应不同土壤条件、多种作物主要生育阶段专用的无机、有机－无机、生物－有机、复合微量元素4类80余种滴灌肥系列产品，以适应滴灌和随水施肥技术快速发展的新需求。

2013年，"滴灌水肥一体化技术专用肥料及配套技术研发与应用"项目获兵团科技进步奖一等奖；2014年，该项目获国家科技进步奖二等奖。水肥一体化技术在新疆大面积推广应用，彻底打破了节水滴灌的瓶颈，实现了作物的增产增收。

永恒的事业

源于以色列的滴灌技术，在引入新疆后曾遭遇严重的"水土不服"。一是因为新疆的土壤含盐量大、灌溉水矿化度高。为此，尹飞虎和他的团队在对新疆的实际情况进行调查研究后，总结提出了一套适应新疆灌区主要农作物的滴灌制度。随后，这一模式在新疆大面积推广应用，取得了显著成果，最终还被编撰成书——《现代农业滴灌节水实用技术》，以期实现更大范围的传播和应用。二是因为滴灌技术成本较为高昂，曾被视为"贵族农业"。为了解决滴灌技术的成本问题，尹飞虎及其团队潜心钻研，生产出了低成本的器材和装备，使滴灌技术大面积应用成为可能。

尹飞虎在广泛实践的基础上，实现了理论上的创新和发展，制定了主要大田作物水肥一体化栽培技术规范，编撰出版了相关专著，完善了相关学科建设。20年来，尹飞虎带领团队在多方的支持下，一步步完成了新肥料、新装置、新标准、新技术的一系列研究，用理论与技术的创新集成开发了滴灌水肥一体化技术，并与当地企业合作实现了产业化应用。

2006年至今，尹飞虎研制的产品已从新疆推广应用到河北、内蒙古、山东、甘肃、宁夏等地，并出口至吉尔吉斯斯坦、塔吉克斯坦、巴基斯坦、尼日利亚、安哥拉等国。2021年，尹飞虎当选中国工程院院士。获此殊荣后，尹飞虎表示："我要更好地为国家、为新疆、为兵团现代农业发展服务，特别是在我们研究的节水农业、水肥一体化等领域发挥特长，带领好团队，培养更多能留得住、能为兵团现代化农业作出贡献的人才。"

50年过去，尹飞虎谈起自己的事业仍热情似火。他曾说："人生是短暂的，而事业却是永恒的""农业技术研究没有尽头，只要能干，我会一直干下去"，他将个人的努力与坚持放在更为广阔、永恒的事业中。他的贡献如一道清澈的流水，悄然而来，热烈而又持久地滋润着新疆这片土地。

链接

简　介

尹飞虎（1954—　），农业水土工程（水肥高效利用）专家，新疆农垦科学院院长，2021年当选中国工程院院士。长期从事植物营养、农田节水和滴灌水肥一体化研究工作，曾获"全国先进工作者""第五届全国杰出专业技术人才"称号及兵团科技进步突出贡献奖。

8.5

邓铭江——
用科技书写戈壁水利传奇

在茫茫的戈壁滩上，有一个身影坚定地前行着，他背着沉甸甸的工具包，迈着有力的步伐，身影在烈日下显得如此高大又坚毅。他是一位忠实的守护者，时刻护卫着滋养了这片土地上千万生灵的生命水源。他就是我国干旱区水资源及水利工程专家邓铭江。

春种一粒粟，秋收万颗子

1960 年，邓铭江出生于新疆维吾尔自治区的库尔勒市，那是位于塔克拉玛干沙漠边缘地带的一个绿洲。新疆有四分之一的土地为沙漠所占据，在这片地处亚欧大陆腹地的干旱区域，有水就有绿洲，无水皆为荒漠。在邓铭江的童年记忆中，新疆戈壁滩的荒芜在绿洲的映衬下是那么的刺眼。"投身大西北水利建设，让荒漠变成绿洲"的想法，在他的心中生了根，发了芽。

自童年起，邓铭江便与水结下了不解之缘。长大后他深知，要想改变家乡的水资源现状，就必须先要掌握相关的知识与技术。就这样，他白天在田间劳作，晚上则挑灯学习。煤油灯下，他一字一句地研读

仅有的几本教材，不断地做题、复习。1978 年秋天，也就是高考恢复的第二年，邓铭江如愿考上了新疆八一农学院（现新疆农业大学）水利水电工程建筑专业。带着改变家乡水资源面貌的心愿，他激动地迈入了大学校园。学习的道路并非一帆风顺，但即使遇到的困难再大，邓铭江都从未想过放弃。

四年后，邓铭江不仅以优异的成绩完成了学业，还积累了丰富的实践经验。正是凭借着学习时的那份坚韧与毅力，邓铭江踏上了改变家乡水资源状况的征程，也为自己未来的事业奠定了坚实的基础。

甘为边疆添砖瓦，白发俯首终不悔

1982 年，22 岁的邓铭江大学毕业后毅然选择了回到家乡工作，这并非是一条轻松的道路。邓铭江曾说："苟利边疆苦亦荣，清心一片荡渠间。受地理环境、资源禀赋等因素制约，新疆水资源开发利用中还有许多亟须解决的问题，建设美丽新疆的任务依然艰巨繁重。我将牢记使命，永不懈怠，脚踏实地，不断开拓创新。"事实上，他也一直践行着这个诺言，几十年如一日地为新疆的水利工程事业竭尽全力、倾心付出。

邓铭江长期坚守在西北边疆工程的一线，常年带领团队深入沙漠、高山地带，对那里的水资源分布、水质等进行详细的调查和研究。在邓铭江担任总工程师的北疆供水工程中，他不畏艰难，领导团队成功解决了管道磨损、水压控制等工程技术难题，通过采用优化管道材料、改进管道铺设等方法，不仅提高了输水效率，保证了工程的顺利进行，还为沙漠严寒地带大型调水工程的建设和运行管理提供了技术支撑。

邓铭江不仅在水利工程领域有着深厚的造诣，在跨界河流的研究与开发建设上也颇有建树。他深知跨界河流对于西北地区生态环境和经济发展的重要性，并长期致力于这一领域的研究。为了深入了解跨界河流的生态环境、水资源状况及流域规划等，邓铭江多次进行实地考察。他越过陡峭的戈壁，深入每一处河流、湖泊，只为收集第一手资料，掌握最真实的数据。

在跨界河流的研究过程中，邓铭江始终坚持创新。他不仅引入了国内外先进的科技手段和设备，还与团队共同研发了许多针对跨界河流特点的方法和技术。"水利兴则新疆兴"，这句话始终激励着邓铭江，让他始终牢记，要想真正实现新疆的繁荣与发展，必须先解

冰川资源是重要的"固体水库"，新疆冰川资源量居全国第一

决好水利问题。在建设水利的过程中，邓铭江对所出现的问题进行了总结，最终从宏观、中观、微观三个层面出发，创建了"三层级"水循环调控理论与工程技术体系，为干旱区生态修复提供了成功范例。据《新疆日报》2017年报道，邓铭江创建的干旱区水循环调控理论与工程技术体系，已成为新疆地区治水兴疆的重大方略工程。

深耕不辍结硕果，笃行致远谱新篇

邓铭江的修水兴疆生涯，成绩斐然、硕果累累。他不仅是新疆水利行业的技术"总把关"，更是我国干旱半干旱地区水资源研究的学科带头人，2017年当选为中国工程院院士；他出版了7部专著，获得了发明专利2项，发表论文百余篇，获得国家科技进步奖二等奖4项、省部级科技进步奖一等奖3项，以及新疆科技进步奖、何梁何利基金科学与技术创新奖等奖项。

邓铭江虽然在科技研究和工程实践中取得了巨大成就，但他仍能做到不忘初心，坚持以培养新一代水利人才为己任。他深知，要推动水利事业，离不开高素质的人才团队。而且，在一次又一次的实践中，邓铭江也深刻地体会到，越是欠发达地区，越需要实施人才发展战略。只有切实提高人才自主培养质量，聚天下英才而用之，才能为兴疆固边提供坚实的人才保障和智力支持。

邓铭江重理论、善实践，他带领学生深入水利工程建设一线，让他们亲身感受水利工程的运作，同时他还积极举办学术讲座和研讨会。通过这些方式，学生们积极参与进来，学习更多的水利知识，探索水利领域未来的发展空间。此外，邓铭江还倡导"工程带科研、科研促建设"的科技工作原则，鼓励实践与科研相结合，推动将水利知识转化为科技成果投入水利建设中。在他的引领下，新疆的水利人才队伍得以兴盛壮大，为新疆乃至

邓铭江受聘为新疆农业大学终身教授、博士生导师（图片来源：新疆工程院院士馆）

全国的水利事业都提供了坚实的人才基础。"自己勇攀高峰的同时，也要不忘记传承，这是我们应该做到的。"邓铭江一直用这句话勉励着自己，致力于为新疆的水利事业注入新的活力和智慧。

邓铭江立身于边疆、立业于水利，倾尽一生，孜孜以求、无怨无悔地走遍了新疆的山山水水，为推进新疆水利事业发展、加快跨界河流开发作出了重要贡献。这种崇高的家国情怀和科研精神值得我们每一个中华儿女学习！

:::::: 链接

简 介

邓铭江（1960— ），新疆维吾尔自治区科学技术协会主席、新疆农业大学名誉校长，2017年当选中国工程院院士。专注于新疆的水利发展，曾获国家科学技术进步奖二等奖、新疆维吾尔自治区科学技术进步奖特等奖。